「氏名」から「使命」がわかる!

# 名言なぞり書き 50音セラピー

ひすいこたろう
山下弘司



世界文化社

「世の中でもっとも耳に甘く響く、
よい音楽は自分の名前の響きである」

デール・カーネギー

# ことだま50音表 Note

| 成長 | 土台 | 体験 | 人間関係 | 基本 | |
|---|---|---|---|---|---|
| な | た | さ | か | あ | 企画 |
| に | ち | し | き | い | 選択 |
| ぬ | つ | す | く | う | 計画 |
| ね | て | せ | け | え | 行動 |
| の | と | そ | こ | お | 実現 |

50音の下のメモ欄には、なぞり書きした日付などを自由に書き込んでください。

友だちや家族、出会った人の名前を書き込めば、50 音の世界観がぐっと身近になるかも。

あなたにたくさんの出会いが訪れますように！

| 統合 | 改善 | 継続 | 評価 | 発信 |
|---|---|---|---|---|
| わ | ら | や | ま | は |
| | | | | |
| | り | | み | ひ |
| | | | | |
| を | る | ゆ | む | ふ |
| | | | | |
| | れ | | め | へ |
| | | | | |
| ん | ろ | よ | も | ほ |
| | | | | |

名言なぞり書き 50音セラピー

# もくじ

# なぜ「桜」は「さくら」と呼ばれるのか？

## 日本語50音の「ことだま」を知ることで、自分の「氏名」から「使命」が見えてくる。

虹の色は何色だと思いますか？

赤　橙　黄　緑　青　藍　紫の7色ですよね。

でも、海外では「虹は6色」って言われることが多いんです。

なぜでしょう？

それは、青と藍の色の区別がない国が多いからです。言葉で区別がないから、同じ色として認識されてしまっているのです。

つまり、言葉を知ることは認識が広がることであり、そのことで初めて見えてくる世界があるんです。

本書は、普段、何気なく使っている日本語「50音」に秘められた「一音一音の真の意味、働き」（ことだま）をひもといた本です。

「ことだま」を知ることで、日本人が自然をどうとらえ、何を大切に生きていたかなどの「言葉の奥行き」が初めて認識され、全く新しく世界が見えてきます。

例えば、日本人は「いのち」を「い」と表現していました。だから、

稲（いね）＝「命《い》」の「根《ね》」

石（いし）＝「命《い》」の「しずまるところ」

という言葉が生まれたわけです。

稲（ごはん）は、命の根っこだとわかるわけです。

日本語50音に秘められた意味、働きである「言霊《ことだま》」を辞書で引くと、このような定義になっています。

「古代日本で、言葉に宿っていると信じられていた不思議な力。発した言葉ど

おりの結果を現す力があるとされた」『大辞泉』（小学館）

古来、日本人は、言葉には不思議な力《はたらき》があって、現実世界に影響を与えると考えてきたのです。

万葉集にも、このように言霊が歌われています。

「大和の国は　言霊の助くる国ぞ」

50音の「ことだま」を知ることで、3つの革命《パラダイムシフト》が起こります。

①「古来、日本人が何を大切に生きていたかがわかり、世界の認識が変わる」

②「自分の『氏名《しめい》』から『使命《しめい》』がひもとけ、自分を大好きになれる」

③「出会いはメッセージ。出会った相手の名前から今の自分に必要なメッセージを受け取れる」

例えば、「さくら」のことだまがわかると、日本人の感性がよく見えてきます。

さはもともとは「幸《さち》」を表す音でした。

古来、日本人は「幸《さち》」をもたらす神様が山にいると考えていました。だから、今でも神社の奥の院は山の上にあることが多いのです。

その神様が、春になったら山から里に降りてきて、秋の収穫まで里にいると日本人は考えていました。その神様のことを「サの神」「サ神」と呼びました。「相模《さがみ》」ほか「堺《さかい》」「境《さかい》」（神様と人間の境界線から）など、さのつく地名はその名残があります。

そんな「サの神」が山から里に降りて「くる」のを教えてくれるのが「さくら」だったんです。

山から降りてきた「サの神」が依《よ》り代《しろ》としてとどまるのが「さくら」です。そして「幸《さち》」を運ぶ「サの神」が降りてきたことを喜ぶ行事がお花見で、お花見はもともとは神事だったんです。「サの神」が降りてくる道を「サカ」（坂）と言い、「サカナ」（肴）、「サケ」（酒）、「サラ」（皿）など、お花見にまつわるものには「サ」のつく言葉が多いこともそれを裏付けています。

お花見でいただく食事は、本来、神様へのお供え物であり、「サの神」はその食事に入り、そして、そのお供え物を私たちがいただくことで、「サの神」が私たちに入ってくるのです。それで、今度は私たちが神様の手足として、人々に幸せを分け与えていくと、古来、日本人は考えていたのです。

また、「幸《さち》」のちということだまにも、日本人の知恵が良く表れています。ちは「血」「乳」です。日本人は、体から流れる赤い液体を「ち」（血）と呼び、お母さんのおっぱいから流れる白い液体を「ちち」（乳）と呼びました。乳房に流れ込んだ血は乳腺房を通って母乳に変わります。そのとき、酸素の動きで赤から白になるのです。赤い色と白い色、しかし、本質は同じであると日本人は直感的にわかっていたので、同じちと表現したわけです。そしてその二色、赤と白が日本の国旗の色になっているのも象徴的ですね。

このように、さとちのことだまをひもとくだけでも、日本語の奥行き（イメージ）がぐんと広がり、古来、日本人がこの世界をどのようにとらえていたのかが見えてきます。

**本書を読み終わる頃には、日本人であることに喜びと誇りを持てるようになることでしょう。**

**さらに、この50音のことだまがひもとけると、本書の醍醐味②の、自分の「氏名《しめい》」から「使命《しめい》」がひもとけるようになります。**

**あなたの生まれてきた理由（使命）がわかる。**
**それが「名前のことだま」です。**

先に(さ)のことだまの意味をお伝えしましたが、さちこさんやさゆりさんなど、(さ)の名前のことだまは、「幸」を与える働きがあるとひもとけるのです（「名前のことだま」は苗字ではなく下の名前で見ます）。

(さ)はまず人に「幸」を与えることで、自分が「幸」を受け取るという働きを持ちます。また、(さ)は「風のことだま」と言われ、(さ)の名前がつく人は、「颯爽」と「爽やか」にフットワーク軽く動くことが大切です。

「さっさ」「さっそう（颯爽）」「さっそく（早速）」など、ⓢは早い動きの中でこそ、ことだまの働きが活性化するからです。

ⓗだったら**「日」「太陽」**を表します。古代の日本人は太陽の働きにⓗを感じたのです。

ですから、ひろのりさんやひろとさんなど、ⓗのことだまを持つ名前の人は、お日様の特徴、**「温め、大きくする働き」「やる気を起こさせる働き」**という使命につながっていくのです。

**そして、音の働きには、常に「表の働き」（陽）と「裏の働き」（陰）、陰陽の二つがあります。**

ⓗの裏の働きは「ひ（冷）やす」「ひとりよがりになる」です。忙しく、ゆとりがないときは、裏の働きが出てきてしまうわけです。

この裏の働きもちゃんと知っておくことで、対策も取れるようになりますので、とても重要です。

**そして、実は、出会いにもメッセージは隠れているので、ことだまがわかると出会った相手の名前から、出会った意味（自分に必要なメッセージ）をひもとくこともできるようになります。それが本書の醍醐味③です。**

「出会いはメッセージ」ですから、例えばさのつく名前の人と出会ったときは、さのことだまの意味である、「幸せが来ているよ」「さっと動くときですよ」というサインだとひもとけるのです。

出会いで、自分に必要なメッセージがわかるようになります。出会いが、より良い世界へシフトしていくための羅針盤《コンパス》になるのです。

本書では、このように「50音」一音一音に秘められた「ことだま」の意味に加え、**その音の働きを代表する名言をセレクトしてあります。その名言を手書きでなぞり書きすることで、一音一音の世界観を身体感覚にインストールし、より深く50音の奥行きを味わっていただけます。**

お届けするのは、「ことだま先生」こと山下弘司と、ことだま師でもあり、作家のひすいこたろう、二人の知恵を結集して一冊にまとめています。

ことだまをひもといた共著『人生が１００倍楽しくなる名前セラピー』（２００９年発行）の二人のタッグで再びお届けします。

**一冊目から10年経っていますので、ことだまの50音解説もより進化しバージョンアップしたものをお届けします。**

この名言なぞり書きを終える頃には、全く世界が違って見えてくることでしょう。楽しみにしていてくださいね。

では、拍手で始めましょう。
パチパチパチパチパチ。はじまり、はじまり。

**ひすいこたろう**

# 本書の取扱説明書《トリセツ》

## 氏名から使命を読む

あ

天【ama】 1

2 意味

新しいこと
希望
ひらめき

3 使命

希望の人

4

横線は短く
外形は末広がりに
縦線丸み少なく

あ

5 memo

6 ことだま先生 Lesson

### 50音の始まり 新しい展開を示す

50音の最初の音で、「新《あたら》しいこと」「希望」などの意味があります。すべての始まりがあです。「天《あま》」とは「上にあるもの」で、天国や極楽浄土、日本神話にある高天原《たかまがはら》など、見えない場所を示します。その天からは、新しい展開を助ける幸運が降ってきます。あは、そんな「目に見えないこと」を大切にしましょうという意味もあります。

7 表の働き

### 新しい展開を感じ取る

希望や幸運、ひらめきなど、目に見えないものを「あっ！」と感じ取る力があります。そんな新しい展開の兆しを感じ取って人に伝えることで、何かを始めるきっかけや希望を与える働きがあります。

3 使命

### 相手の中にある宝箱を開ける「希望の人」

あの人は「希望の人」です。自分で新しい動きをキャッチし、幸せに向かってスタートする能力があります。また、相手の中にある宝箱を、わくわくしながら開《あ》けることができるので、何かを始めたい人の扉を開け、希望を与える役割があるのです。

7 裏の働き

### 飽きやすい一面も

新しいことを感じ取る力がある半面、ものごとに飽《あ》きてしまう面もあります。また、自己中心的になり、相手を「あ～あ」と失望させてしまうこともあるので、ときには自分を省みましょう。

8 あの人に出会ったときは

「新たな始まりですよ」「幸せを感じていますか？」というメッセージ。幸せを探す旅が始まるときです。

22

右ページは、ことだま先生・山下弘司からの「50音ことだま解説」です。解説を読み、その音に秘められたことだまを理解してもらいます。

**1**

その音を表す代表的な漢字です。

**2**

ことだまの意味をひもとくキーワードです。

**3**

その音がつく名前の人がやるべき使命を解説しています。

**4**

美しくなぞり書きして、ことだまの世界観を身につけてください。

**5**

なぞり書きした日付や、その音のつく大切な人の名前をメモしてください。

**6**

ことだまに秘められた意味の解説です。「名前のことだま®」は、本居宣長らが提唱した「音義説」などの国学研究に基づいていますが、今回は初めて触れる読者のみなさんのために、わかりやすい表現で解説しています。

**8**

人との出会いはメッセージ。その名前の人との出会いにはどんな意味があるのか解説します。

Pick Up!

表と裏

**7**

50音それぞれに「表」と「裏」の働きがあります。心にゆとりがあるときは表の働きが出て人の役に立てます。逆にゆとりがないと裏の働きが出てしまうので、裏の働きをきちんと知っておくことも大切なのです。詳しくはP46のコラムで！

## 人生に革命を起こす！

# 名言をなぞり書きする

**左ページは、作家であり、また、山下弘司からことだまを学び、ことだま師の資格を持ったひすいこたろうが、そのことだまの世界観を象徴する名言をセレクトし、解説をしています。**

**9**

名言をなぞり書きすることで、一音一音の持つ世界観、味わいを身体レベルでインストールしてもらいます。なぞり書きする際は、名言を音読するのがベスト。名言を見て（目）、音読し（耳）、書く（手）。この３つの組み合わせで五感を使ったより深いインストールができます。筆記具はお気に入りのボールペン、えんぴつなどなんでも OK。

名言にその音を含む場合は丸で囲み、音の意味を含む場合は――を引いています。

**10**

山下弘司がことだまの視点から名言をひもときます。

**11**

ひすいこたろうによる名言の解説。より深くことだまの世界観を味わい、明日に活かしてもらうためのヒントを紹介しています。

**12**

ひすいこたろうからのメッセージ。名言と一緒に人生に活かしてください。

あ

9 あの名言

昨日より今日が好き
新しいから

――和田アキ子「さあ冒険だ」森高千里 with S.Itoi（作詞）

10 ことだま先生コメント

新しいことは、宝箱を開けるようなわくわくした気持ちで始めることが大切です。昨日が終わり、新しい「今日」が始まることを、怖がらずに楽しみましょう。

11 こたろう VOICE

爆笑問題の太田光さんは色紙に「未来はいつも面白い」と書くそうです。その心は童話『みつばちマーヤの冒険』に登場する蝶々にあります。その蝶々はいつも脳天気で、「なんでそんなに楽しそうなの？」と聞かれると「だってこんなに楽しいことないじゃん！　だって僕、この間まで芋虫だったんだよ。芋虫だったのにこんなふうに変わった。だからこの先も、もっと凄いものに変われる」と。蝶々は「未来はとても面白い」とご機嫌なわけです。この話に胸を打たれた光さんは少し言葉をもじり「未来はいつも面白い」と書くようになったとか。

新しく決意する者は何度でも生まれ変われる。さあ、あさだ。新しい未来を迎えに行こう。

12 あの人へのメッセージ

毎朝、朝日の表情が違うように、毎朝、キミは生まれ変わっているよ。希望のMy朝。

23

### こたろうアドバイス

**進め方は、自分の名前、友人、家族、パートナーの名前から先にひもといていってもいいし、50音の順番通りに味わっていってもいいです。ただし、50音の流れにも意味がちゃんとあるので、そこも理解したいという方は順に進めていくのがオススメです。**

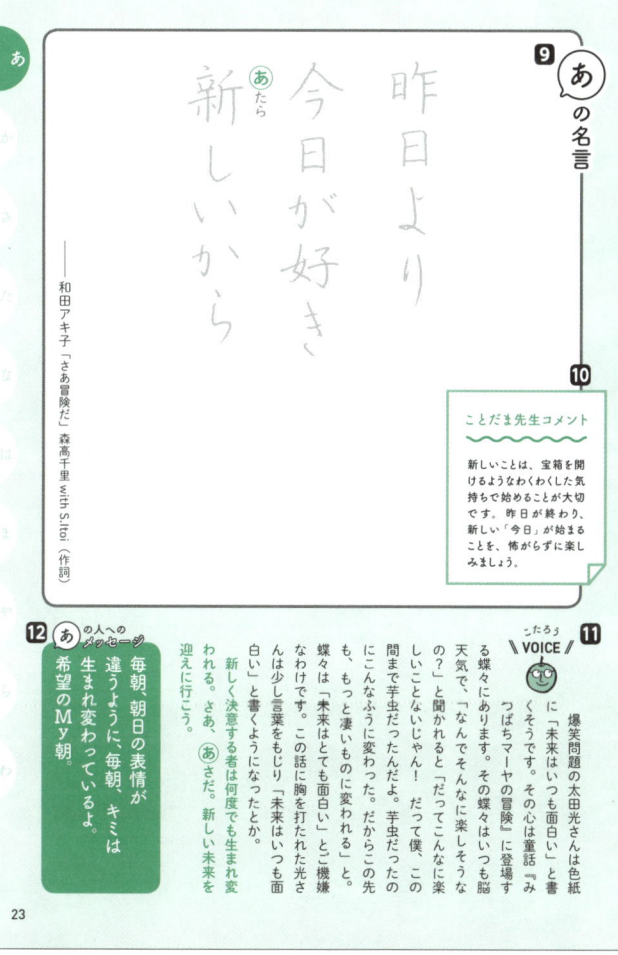

Pick Up!

# 氏名から使命を読む方法

名前のことだまを読み解く前に、名前の読み方の
3つのルールを覚えておきましょう。

## ❶名前の１文字目がメイン

本書では、下の名前の１文字目をメインの意味として読み解きます。さやかさんならⓢがメインです。

| | | |
|---|---|---|
| さ ＝ | １文字目 花 | 一番大切で、相手にもっとも影響を与える、その人の使命の核となる部分。 |
| や ＝ | ２文字目 土 | その人の根っこにあたる部分。本人が幸せになるための「幸せポイント」が隠されている。 |
| か ＝ | ３文字目 実 | 土と花が完成してからもたらされる。社会や家族のためにできることを表す。 |

→**名前が２文字の人**：２文字目が土と実
→**名前が４文字以上の人**：３文字目以降はすべて実と解釈します。

## ❷濁点は意味が強くなる

じやだなどの濁点は、それぞれしやたのことだまを強める働きがあります。

## ❸ やゆよなどの小文字は単独の働きがある

じゅんこさんのゅなどの小文字は、大文字と同じ意味ではなく、単独で働きがあります。すべての小文字の働きは下記です。
→**表の働き**：成長、レベルアップ
→**裏の働き**：目移りして経験を積めない、竜頭蛇尾《りゅうとうだび》

Pick Up!

## 名言をなぞり書きするとなぜいいか？

### 手書きで書くと、<br>キーボードでタイプしたときより<br>目標達成率が42％上がる！

文字をキーボードでタイプするときに必要な指の動作は８種類。だから脳でも、その８種類の動作に対応する神経しか働きません。ところが手書きするときに必要な指の動作は、なんと１万種類もあり、そのため、脳で働く神経も飛躍的に多くなります。名言を手書きすることで、１万種類もの神経が働き、ことだまの世界観がより深く、身体に染み込むようにインストールされるわけです。

また、手書きの効用は、ドミニカン大学カリフォルニア校で心理学を教えているゲイル・マシューズ教授も実証しています。267人の参加者を集めて、目標の達成率に関する実験を行ったのです。目標を手書きしたときの達成率と、キーボードでタイプしたときの達成率を比べたら、手書きするだけで達成率がなんと42％も上がることがわかったのです。

Let's Start!

# あ行

# 基本のことだま

「あいうえお」のあ行は
人生にとって重要な
5つのプロセスを
教えています。
幸せな人生を
送るためのヒントは、
「あっ」という
ひらめきから
希望を受け取り
上を向いて始め、
「おーっ」と喜びで
終わることです。

# あ

天【ama】

**意味**

新しいこと
希望
ひらめき

**使命**

希望の人

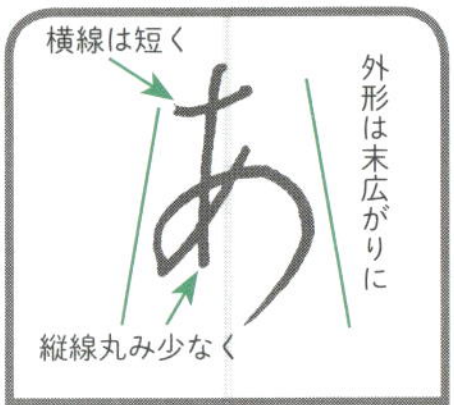


memo

ことだま先生 Lesson

## 50音の始まり 新しい展開を示す

50音の最初の音で、「新《あたら》しいこと」「希望」などの意味があります。すべての始まりが**あ**です。「天《あま》」とは「上にあるもの」で、天国や極楽浄土、日本神話にある高天原《たかまがはら》など、見えない場所を示します。その天からは、新しい展開を助ける幸運が降ってきます。**あ**は、そんな「目に見えないこと」を大切にしましょうという意味もあります。

### 表の働き 新しい展開を感じ取る

希望や幸運、ひらめきなど、目に見えないものを「あっ！」と感じ取る力があります。そんな新しい展開の兆しを感じ取って人に伝えることで、何かを始めるきっかけや希望を与える働きがあります。

### 裏の働き 飽きやすい一面も

新しいことを感じ取る力がある半面、ものごとに飽《あ》きてしまう面もあります。また、自己中心的になり、相手を「あ〜あ」と失望させてしまうこともあるので、ときには自分を省みましょう。

### 使命 相手の中にある宝箱を開ける「希望の人」

**あ**の人は「希望の人」です。自分で新しい動きをキャッチし、幸せに向かってスタートする能力があります。また、相手の中にある宝箱を、わくわくしながら開《あ》けることができるので、何かを始めたい人の扉を開け、希望を与える役割があるのです。

### あの人に出会ったときは

「新たな始まりですよ」「幸せを感じていますか？」というメッセージ。幸せを探す旅が始まるときです。

## あの名言

# 昨日より今日が好き
# 新《あたら》しいから

——和田アキ子「さあ冒険だ」森高千里 with S.Itoi（作詞）

### ことだま先生コメント

新しいことは、宝箱を開けるようなわくわくした気持ちで始めることが大切です。昨日が終わり、新しい「今日」が始まることを、怖がらずに楽しみましょう。

### こたろう VOICE

爆笑問題の太田光さんは色紙に「未来はいつも面白い」と書くそうです。その心は童話『みつばちマーヤの冒険』に登場する蝶々にあります。その蝶々はいつも脳天気で、「なんでそんなに楽しそうなの？」と聞かれると「だってこんなに楽しいことないじゃん！　だって僕、この間まで芋虫だったんだよ。芋虫だったのにこんなふうに変わった。だからこの先も、もっと凄いものに変われる」と。蝶々は「未来はとても面白い」とご機嫌なわけです。この話に胸を打たれた光さんは少し言葉をもじり「未来はいつも面白い」と書くようになったとか。

**新しく決意する者は何度でも生まれ変われる。さあ、あさだ。新しい未来を迎えに行こう。**

### あの人へのメッセージ

毎朝、朝日の表情が違うように、毎朝、キミは生まれ変わっているよ。希望のMy朝。

# い

命【inochi】

**意味**

生きがい
五つ
息

**使命**

命を吹き込む人

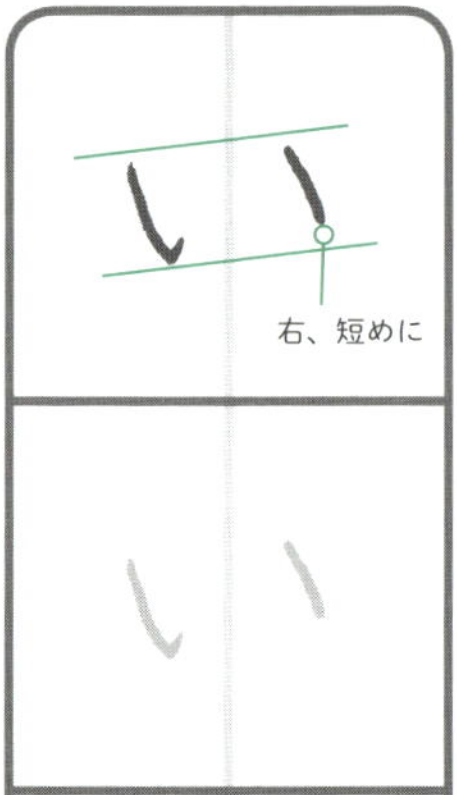


ことだま先生 Lesson

## 命は生きがいのこと 生きるための生命力

い は生《い》きるための生命力を表します。古代の日本人は、命《いのち》がある場所を胃《い》のあたりだと考え、体の中でもっとも重要な場所としたからです。

命は生きがいの種。その種に水をやり「五《いつ》つ」の段階を踏んで育てるのが い です。一《ひ》（ひらき）二《ふ》（ふくらみ）三《み》（みたし）四《よ》（よろこび）五《いつ》（いきがいに）という手順で、神様からもらった生きがいの種が開花するのです。

### 表の働き 生きがいを開花させる

自分の生きがいを感じ取り、その種を段階を踏んで開花させる力があります。また、相手の幸せを「祈《いの》り」幸せにしたり、相手の幸せを「祝《いわ》う」という働きもあります。

### 裏の働き 生きがいを見失う

相手のことを祈り、幸せを与える反面、自分の幸せや生きがいを見失い「呪う」こともあります。自分のやり方が手順を踏んでできているか、今一度考えてみましょう。

### 使命 命を吹き込みやる気や生きがいを与える

「生きがいが欲しいな」と、受け身で願うだけの人もいますが、五つの手順で積極的に生きがいを探す人生もあります。それを実践できる い の人は、やりがいを見失っている人や、これから生きがいを探す人に、息《いき》で命を吹き込み、やる気の産声を上げさせる役割があります。

**い の人に出会ったときは**

「生きがいを感じていますか?」というメッセージ。やりたいことが出てくる時期でもあります。

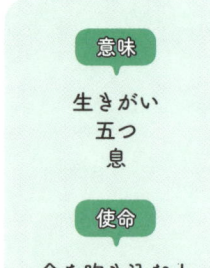

## いの名言

# いのちいっぱい
# じぶんの花を

――相田みつを（書家・詩人）

### ことだま先生コメント

「活き活き」のやる気はどこから出てくるのでしょう？　まず動くこと。「やる気が出たら動こう」と思っていたら、いつまでも動けません。

### こたろう VOICE

いは「生命力」であり「生きがい」です。では、生きがいを持って生きるためには何が大事になるのでしょうか？

この名言に答えがあります。**「若い人たちはよく『生きがいがない』と言う。しかしそれは当たり前です。孤立した人には生きがいはない。生きがいとは人間関係です」**（石川達三）。

生きがいは自分の中にあるんじゃなかったんです。だから自分の中だけで探してたって見つからない。キミとボクの「間」に生きがいはあるんです。キミとボクの「間」をハッピーで満たしていくことが「使命」です。無人島で一人だったら、どんなに夢を叶えても虚しいだけですよね？　自分の花は、キミとボクの「間」に咲くんです。

### いの人へのメッセージ

「いいね」って思える自分の好奇心を大事にすることから、生きがいは始まります。

# う

熟【u-reru】

**意味**

受けいれる
熟成
生み出す

**使命**

アウトプットする人

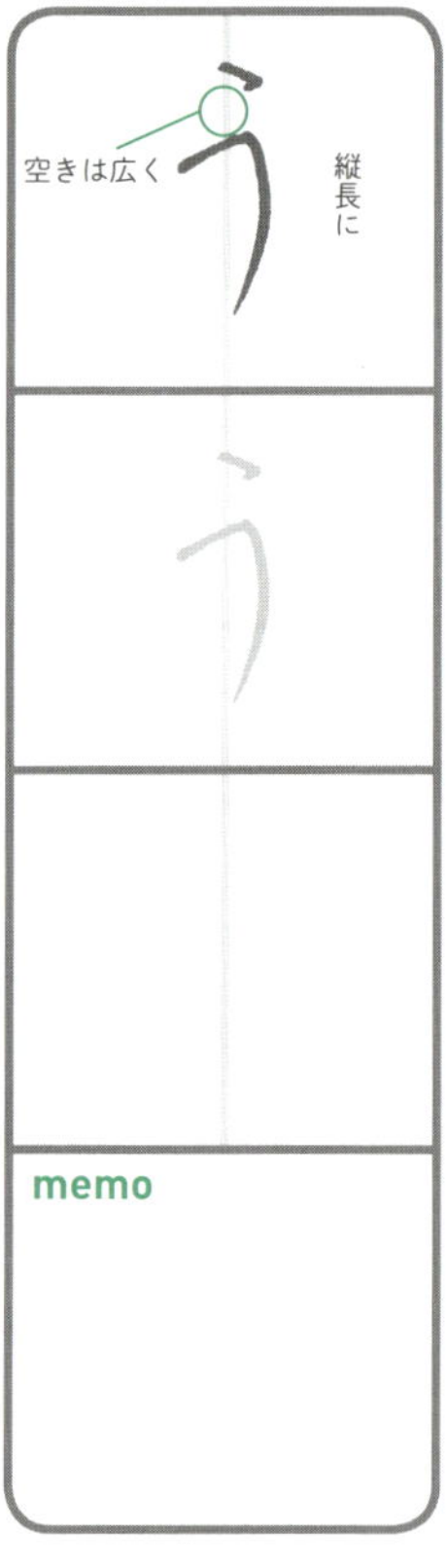


ことだま先生 Lesson

## 受けいれて熟成し新しいものを生み出す

うにはできごとを「受《う》けいれる」という意味があり、受けいれたあとは「熟成する」「生《う》み出す」ことが必要だと示しています。映画にたとえると、撮影した映像は、編集という熟成作業を経て初めて、映画という有意義なものに生まれ変わります。

編集能力を磨くことで新しいものが生まれてくる、その重要性をうは教えています。

### 表の働き 受けいれて浄化する

ものごとを受けいれ、熟成させ、アウトプットすることを、無意識にできる力があります。また、すべて受けいれた上で、必要でないものを浄化し、新しいものを生み出す働きがあります。

### 裏の働き 溜め込んでしまうことも

受けいれられなかったり、自分の中に「うーっ」と溜め込んでしまうことも。せっかくの才能も抱え込んだままでは活用できず、人とのつながりも生まれません。意識的に外に出しましょう。

### 使命 受けいれて熟成し価値を生み出す

情報を自分で収集、編集し、アウトプットすることができるうの人は、「インプットしたらアウトプットしましょう」と人に教える役割があります。また「うんうん」とうなずきながら素直に聞くことで、相手の良い面を引き出し、人をつなげ、結ぶことができます。

**うの人に出会ったときは**

情報収集や熟成をする時期です。アウトプットする時期の場合もあるので、見極めてみましょう。

# うの名言

そう思った私を
受けいれ認めゆるし
愛しています。

——小玉泰子（ことだまメソッドまなゆい創始者）

## ことだま先生コメント

素直に受けいれる。うなずきながら受けいれてみましょう。そのあとに、必要なものと今はいらないものを分けること。そうして新しいものが生まれてきます。

## うの人へのメッセージ

自分も相手もまず、「うん。そうだよね。わかるよ」と受けいれてあげよう。

## こたろうVOICE

うは「受」けいれ「生」み出す働きで、夢を実現したいときに欠かせないことだまです。

例えばカーナビは「目的地」を入れても「現在地」を入力しないと辿り着けません。「現在地」とは、ありのままのあなた。つまり自分の本音を受けいれたときに現在地が定まるのです。それを、こんな自分はダメだと自分を責めると、現在地という足場が崩れてしまうのです。**「変化」はうのことだまの「受容」から始まるんです。**

自然にお腹がすくように、ネガティブな感情も自然にわくものです。だからその都度、自分を責める必要はなく、ただ、一つ一つちゃんと「そう思った自分」を受けいれてあげれば埃は払われ、心はきれいになっていくのです。

# え

枝【eda】

意味

繁栄する
成長する
肯定する

使命

発展させる人

memo

ことだま先生 Lesson

## 成長に欠かせない 奥ゆかしい力強さ

幹から分かれて広がり、その先に花や実をつける枝《えだ》は、発展や成長を表します。目立つのは派手な花や実ですが、実がつくためには、一見地味な枝が絶対に必要なのです。えのことだまは、奥ゆかしくも発展につながる力強さを持っています。

また、発展に必要なのは「肯定感」です。えは「ええ」と肯定することの大切さを示しています。

### 表の働き 肯定して成長させる

うなずきながら「ええ、わかりました」と肯定することで、発展させていく働きがあります。また、成長の兆しを感じ取る力があり、前に進むきっかけを人に教えることもできます。

### 裏の働き 否定的になることも

肯定の音も、使い方によっては「えーっ」という否定の音になります。えのことだまは、使う人の気持ち次第。物事の明るい面を見て、肯定感を持つように心がけましょう。

### 使命 現状を肯定して次の成長につなげる

まずは今の自分を肯定しましょう。あなたがいないと、花や実はつきません。奥ゆかしい自分の存在を肯定すれば、自分の中で花が咲き、成長につながります。また、人や物事を肯定することで、家族や会社の発展を手助けする役割でもあります。

**えの人に出会ったときは**

「これから花が咲きますよ」「発展するときですよ」というメッセージ。自分への肯定感を持ちましょう。

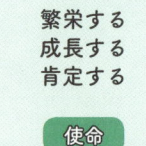

## えの名言

めでためでたの
若松様よ
枝《えだ》も
チョイチョイ
栄えて
葉も茂る

――山形民謡『花笠音頭』

### ことだま先生コメント

ええ、わかりましたと肯定的に始めると枝のように発展するのです。えーっと否定的になると不満、不平が出てきます。肯定的に思うことはとても大切です。

こたろう
### VOICE

上の名言は、様々な地域で、お祭りや祝いごとで歌われる祝唄。「若松様」は常緑樹の松を示し、枝も葉も茂る、松のおめでたい姿を歌っています（山形の場合は若松寺を示しています）。

えのことだまは「枝分かれ」（発展・成長）。その発展を支えているのが「肯定力」です。

たとえ思いどおりにならないことが起きても「めでためでたの〜」と歌うような気持ちで受けいれられれば、「そのおかげで」と言えるくらい、もっと素敵な未来へジャンプするんです。

**すべての問題は、もっと素敵な自分に成長するために起きています。**「これまで」は「これから」のためだったんです。

### えの人へのメッセージ

「起きることは全部マル！」
そこから始めるのが
「発展力」です。

# お

尾【o】

**意味**

終わる
落ち着く
良かった探し

**使命**

上がり、始める人

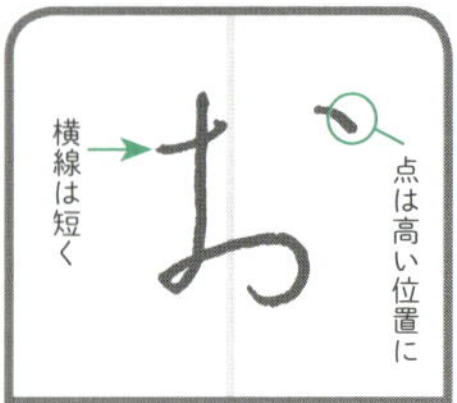


memo

ことだま先生 Lesson

## 終わりは「上がり」次のステージの始まり

すごろくや仕事の終《お》わりを日本では「上がる」といいます。これは、終わりは次の段階にステップアップするタイミングだからです。武道や茶道など、無限に成長していく「道」では、第一段階の終わりは次の始まりにつながっています。「か行」が始まる前のおは、日本犬の特徴である巻き尾《お》のように、柔らかく円を描き次のステージが始まることを示します。

表の働き

## 喜びで終わり、新たな展開に

目標を実現する力があるので、喜びとともに形にできたら「おーっ」と丸く収まり、上がりになって次のステージが始まります。落《お》ち着かせる働きもあり、ものごとに感動や豊かさを与えます。

裏の働き

## 悪い感情が尾を引く

結果を求めすぎると、思ったほど成果が出なくてがっかりしてしまい、次の段階に進めません。また、悪い感情が「尾を引く」こともあります。失敗しても引きずらないように気をつけましょう。

使命

## 良かった探しをして経験を次に活かす

何かを終えたとき、すべてがうまくいくことはまずありません。そんなときは不平不満で終わらず「良かった探し」をしましょう。「おーっ」と喜べることを見つければ、そこまでの経験をうまく活かすことができます。喜びで終わる大切さを、人に教《おし》える役割でもあります。

**おの人に出会ったときは**

願いや夢が叶うときが来ています。喜びを感じると新しい出発になります。周りの良かった探しもしましょう。

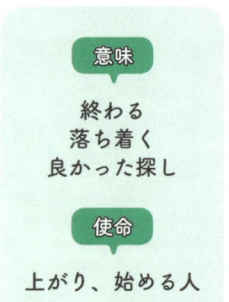

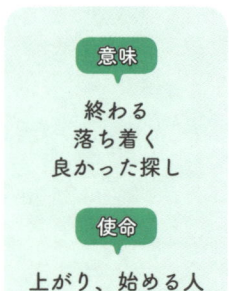

# おの名言

世界（地球）は丸い。終わりに見える場所はまた「始まり」にすぎない。

――アイヴィー・ベーカー・プリースト（アメリカの政治家）

### ことだま先生コメント

おーっと感動して終わるのです。終わると始まります。新しいステージに上がるのです。そのために良かった探しをするくせをつけましょう。

### こたろう VOICE

おのテーマは「終わり」。「おお！」と喜びと感動で締めくくれたら一つ上に「上がれる」。そのためには、あなたがやっていることや仕事の動機（初心）を思い出すことです。

日本一の大投資家であった故・竹田和平さんはこう言っています。「仕事は本来尊いものだがね。世のため人のためになってるよね。赤字になるというのは、何のためにという動機を忘れてしまうからだよねぇ。だから、**動機を思い出させてあげればたちまち黒字に戻るがね**」。

何かをやろうと思う背景には必ず感動や愛がある。その初心を思い出せばいいのです。「歳を重ねるほど、動機こそが大切だとわかる」。アップルのスティーブ・ジョブズの言葉です。

### おの人へのメッセージ

何のためにやっているのか動機を思い起こせば、もっと毎日をおもしろくできるよ。

# 日本に生まれたことを誇りに思えるように生まれた「名前のことだま」

**私が「名前のことだま」をひもといたのは日本人のためです。日本人に幸せになって欲しい、日本に生まれたことを喜び、誇りに思って欲しい。その願いからです。**

日本人が自分を知ろうとするとき、方法や知識は外来のものを参考にしています。西洋占星術しかり、中国の四柱推命や易しかり。心理学だって、フロイト、ユング、アドラー、ロジャーズなど、著名な心理学の大半が欧米から来たものです。

そうすることでどのような現象が起こるのか?

「日本にはたいしたものはない」「日本には、これといった思想、技術はない」という自己卑下、自信喪失の思いが日本人の中に生じてくるのです。

心理学や占いに限らず、ファッション、ライフスタイルなどもそうですよね。今でも外国のものをとてもありがたがる人もいます。「日本なんか」と自虐的な方も結構多いのです。

私はスピリチュアルや心理学に触れ、その内容よりも、それに関わる人たちの自信のなさを感じたのです。自分にOKを出していない、自己肯定がない人の多いことを強く感じました。

スピリチュアルや心理学では、とてもいい話をしています。ただ、いい話や知識、情報を目にしても、本人が自己肯定していなければ意味がないんじゃないかと思ったのです。

そこで、日本にも欧米に劣らないものがあるのではないかと考えました。西洋に占星術があるように、日本にも「使命」をひもとけるツールがあるのではないかと考えたのです。

海外にはなくて、日本にだけあるもの、その一つが神社です。神社や国学の研究の中から出てきたのが「言霊」でした。

**「言霊」とは、言葉に力がある、音に力があるという考え方です。なぜ言葉、音に力があるのか？　それは音に意味があるからです。それを実生活に応用できるように体系化したのが「名前のことだま」です。**

ことだまをひもとくと、そこには、名前をとおして自らの使命を知るだけではなく、みんなが幸せになれる日本人の世界観が隠れていたのです。

私の願いは、日本を好きになってもらうこと。そして日本に住む自分たちに自信を持って、自分を好きになってもらうこと。それで「名前」から入ったのです。高尚な話もいいですが、人が一番興味があるのは自分自身です。まず自分自身から入って、日本という大きな枠まで広げていって欲しいのです。

名前ってとても不思議なものです。まず、自分でつけていないし、自分のものなのに人が使うことが多いのが名前です。

**つまり、名前は人のためにあるのです。**

**名前には、その人が「人のためにできること」、つまり「使命」（ミッション）が宿っているのです。**

名前のことだまは、「自分が人にできることは何か」を見ていくメソッドです。つまり、自分のためではなく、人のためなのです。今までの占いは「ｆｏｒ ｍｅ」が多かったのですが、ことだまは「ｆｏｒ ｙｏｕ」なのです。

# か行

# 人間関係のことだま

人間関係を
意識していく行です。
人は人との関わりを
とおして成長します。
人間関係をベースに
ものごとは
動き出します。
感情や感性、
愛情の大切さを
教えています。

# か

上【kami】

**意味**

祈る
守る
隠れる

**使命**

お役を与える人

か
広く空ける

memo

ことだま先生 Lesson

## 隠れて見えないけれど大切な「守り」の存在

「上《かみ》」とは神様《かみさま》のこと。ただし、西洋で言う神ではなく、子どもの幸せを祈り守る母親のような存在のことです。子どもは、留守番や掃除など、与えられたお役（役割）を果たすことで成長していきます。人はお役を与えられ、お役をやり遂げることで成長するのです。かは、人にお役を与え、お役を果たせるように祈り、見守る存在の「かみ」を意味します。

### 表の働き お役を与え、見守り祈る

相手がお役をまっとうできるように直接手助けするのではなく、陰《かげ》ながら祈ります。相手の成長のためにあえて手を貸さないことが、「かみ」の「お役を与え、祈る」本来の働きです。

### 裏の働き 干渉しすぎる一面も

人のためにやっていることを意識しすぎると、その思いは濁り、「我《が》」に変化してしまいます。また、大事にするあまり囲《かこ》い込んだり、干渉《かんしょう》しすぎたりしないように気をつけましょう。

### 使命 好きな人のことを祈り お役を与える

奥さんを「かみさん」と呼んだり、相撲部屋に「おかみさん」がいるのは、周囲の成長を願い、お役を与え祈る「かみ」だからです。かの人は、人にお役を与え、祈り守るのが使命です。自分がお役を全うすることで、自分もまた祈られ、大切にされていると実感できます。

**かの人に出会ったときは**

「お役をもらっていますよ」というメッセージ。目の前にいなくても、あなたの成長を願い祈る人は必ずいます。

## かの名言

# 父の恩は山よりも高く、母の恩は海よりも深し。

——日本のことわざ

**ことだま先生コメント**

日本の「かみ」さまは絶対神でなく、祈り、お役を与えます。女性やお母さんも「かみ」さまです。みんなの幸せを祈り、成長のためにお役を与えます。

**かの人へのメッセージ**

**相手の成長を願い祈り、お役を頼むとき、あなたはその人の「かみ」様です。**

**こたろう VOICE**

日本語の「かみ」は「守り」「祈ってくれるもの」。奥さんのことを「かみさん」と言いますが、母（カカ）の働きこそ㋕の象徴です。母《かみさん》の役割は家族の幸せを祈り、お役を与えることです。

**実は、日本の神は①祈る②役を与える、この二つの働きがあるのです。**イザナギとイザナミは「国造りしなさい」とお役をもらっています。お役をもらうと「ミコト（命）」になります。家庭の中ではお母さんがご主人や子どもにお役を与えるのです。お父さんにはしっかり働いて家庭に責任を持つお役を与え、子どもには世のためになる大人になるお役を与える。「お役を与える」ことは、自分でもできるけど、相手の成長のためにお願いすることを言います。

# き

木【ki】

**意味**

基本
モデル
癒やし

**使命**

お手本の人

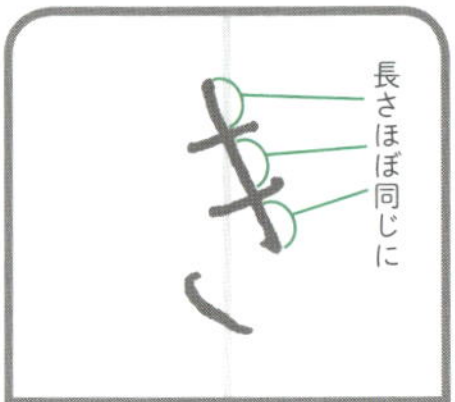


memo

## Lesson 豊かさを生み出す日本文化の基本

森林に恵まれた日本の文化は、「木《き》」が育んできました。日本の木といえば檜《ひのき》。耐久年数が長く、家具や家のほか、神社などの神聖な建造物にも使われてきました。

木から作られる物のひとつが、完成品を作るときの原型「木型」。これがあれば誰でも高品質なものを作れ、工夫して新しいものも生み出せます。

きは日本の豊かな文化の礎なのです。

### 表の働き 生き方が人の役に立つ

きは考え方や生き方で、周囲の人に指針を与える「インフルエンサー」。新たな豊かさを生み出す働きがあり、人の役に立てる力があります。「気《き》」の意味も持ち、癒やしの働きもあります。

### 裏の働き 反面教師になることも

人に影響を与えるきは、ともすれば反面教師になることも。「きーっ」と感情のコントロールを失うこともあるので、「あんなふうになりたくない」と思われないよう、ときには自分を抑えましょう。

### 使命 生き方や考え方を伝える「お手本の人」

「自由にやってもいいよ」と言われると、悩んでしまうのが日本人。きの人の生き方や考え方は、多くの人のお手本になります。「こうするといいよ」と伝え、人の暮らしを豊かにする役割があります。きの名前は、「見本になって」人を導く働きがあります。

### きの人に出会ったときは

あなたがお手本になるときです。あなたのやり方や考えを伝えれば、新しいものが生まれます。

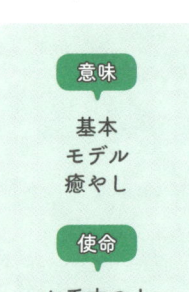

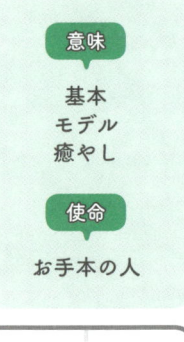

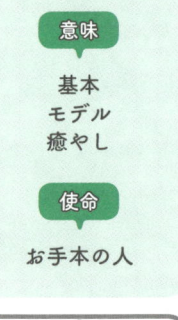

# きの名言

木は神聖なものである。木と話す、木に耳を傾けることを知るものは真理を知る。

——ヘルマン・ヘッセ（ドイツの小説家）

## ことだま先生コメント

「木」は神様が宿る神聖なもの。人に生きる力を与えます。そして「木」の成長を通してこんなふうに大きな「木」になるのだという、生きる見本でもあるのです。

## こたろう VOICE

きは「木」。木は木陰を作り、憩いの場を生み出す、皆の見本となる働きです。

さらに「木」は、古来から神様が人間界に降臨するときに「依り代」になることから御神木といったわけです。『問題は解決するな』の著者Ｋａｎ．さんは、一本の木との交流をススメています。公園の街路樹でいいので、お気に入りを見つけ優しく触ったり話しかけたり、その木のそばでゆっくり時間を過ごす。しばらく交流すると、その木に子どもが集まり始め、木から元気をもらい、そのエネルギーが今度は家族、そして職場に伝わっていく。そうして**一本の木からエネルギー（気）の循環が広がっていくのだとか。**木は神様を宿しエネルギーの循環を司ってくれるのです。

## きの人へのメッセージ

天とつながり、「気」（エネルギー）を循環させ、周囲に希望を届けるキーパーソン。

# く

蔵【kura】

**意味**

組む
来る（過去）
宝物

**使命**

蔵出しの人

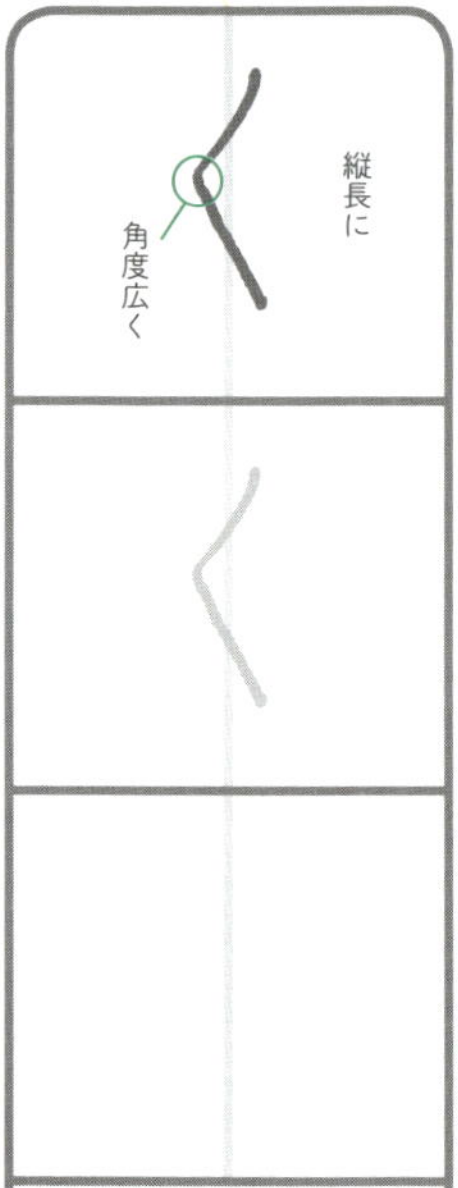


memo

Lesson

## 隠されていた宝物の価値に光を当てる

「蔵《くら》」は宝物を収めて保管する場所。先祖から引き継いだ宝物があっても、子孫にはその価値がわからず、宝の持ち腐れになっていることもあります。それは、才能や素質なども同じ。価値があるのに気づかなければ、活用もできません。

くのことだまは、先祖から受け継いだ隠された宝物にスポットライトを当て、その価値を活性化します。

### 表の働き 価値の再発見

価値の再発見をする力があります。価値がないと思っていたものが、素晴らしい価値を秘めていると気づいた瞬間、大きな変化が訪れます。その発見力こそ、素晴らしい価値です。

### 裏の働き ガラクタだと思い込む

何かをガラクタだと思い込むときは、ことだまが裏に働いているときです。価値に気づけなければ、活用もできません。「苦《くる》しい」「悔《くや》しい」とならず、表の働きで真価を見つめましょう。

### 使命 隠された才能を見出す「蔵出しの人」

鑑識眼のあるくの人は、自分の中の宝物を見つける力に加え、相手の中の「蔵」から宝物を出してあげられる人。その人の隠された才能を見出し、人生を豊かにする手助けをする役割があります。先祖から受け継いだ才能を意識しアレンジすれば、未来へのヒントになります。

**くの人に出会ったときは**

自分では気づいていない素晴らしい才能があります。過去にヒントがあるので振り返ってみましょう。

あ
か
さ
た
な
は
ま
や
ら
わ

## くの名言

# 美しい景色を探すな。景色の中に美しいものを探すのだ。

――フィンセント・ファン・ゴッホ（オランダの画家）

**ことだま先生コメント**

誰でも自分の中に過去からの宝物を収めた「蔵」があります。景色の中に美しいものを探すように、先祖が残してくれた宝を自分の中に探してみましょう。

こたろう VOICE

くは、過去に光を当てて新しい宝物を見出す「価値の再発見力」。

こんな話があります。昔ながらの一本釣りのカツオ漁をやっていたある漁師。しかし一本釣りは効率が悪く経営が行き詰まり、デザイナーの梅原真さんに相談しました。梅原さんは、昔おばあさんがカツオを藁《わら》で焼いていたのを思い出し、**「漁師が釣って、漁師が焼いた」**とコピーをつけて、藁で焼いたカツオを「土佐一本釣り　藁焼きたたき」という商品名に仕立てました。すると8年間で年商20億円を売り上げる地場産業に成長したのです。昔ながらの土佐一本釣りに、さらに昔ながらの藁焼きを加え、そこにちゃんと価値を見出してあげたら大成功できたのです。

くの人へのメッセージ

**前へ進むより、昔に帰る価値もあります。未来は過去にもあるのです。**

# け

饌【ke】

**意味**

神様へのお供え物
生命力
コミュニケーション

**使命**

食と言葉で成長させる人

け

け

長く

memo

ことだま先生 Lesson

## 人と人をつなぐこと 日常の大切さ

「饌《け》」とは、神様に供える食事のこと。私たちはお供え物をいただくことで、神様の力を引き継いでいます。

食は人に力を与えます（生命力＝気《け》）。食べ物からは体の栄養を、会話からは心の栄養を、ともにいただく機会が食事の場です。

また、「ハレの日」の反対の「ケの日」は「日常」の意味です。日常の食事の大切さをけは表します。

### 表の働き 生命力を与える

けには、食事をともにする場を作り、人と人とをつなげる働きがあります。また、「食」で生命力を与えるのに加え、人の心の成長に欠かせない、「言葉」を届ける力もあります。

### 裏の働き 人間関係が面倒になる

余裕がなくなると感情的になり、人をけなしたり、傷つけたりすることも。人間関係を断ちたくなったり、相手に否定的になったりしたときは、ことだまが裏に働いているので要注意です。

### 使命 食と言葉で人と人をつなぐ役割

食の本質は、コミュニケーションです。『孤独のグルメ』のような「ひとり飯」では、栄養は摂れても、人とのつながりは生まれません。けの人には、コミュニケーションの場を作る役割があります。仲間をもてなし、人の孤独を癒やし、人を成長させることが使命です。

**けの人に出会ったときは**

成長するときです。仲良くなりたい人を食事に誘って、コミュニケーションを取ってはどうですか？

## けの名言

同じ釜の飯、
しかもすごく
熱い飯を
一緒に食べた人たち
だから信頼できる。

——梶川貴子（内閣府 地域活性化伝道師）

### ことだま先生コメント

けは食べ物、そして言葉のこと。一緒に食べる人がいれば元気になり、その場の会話（言葉）は元気の源になります。ともに食べる人を持つことが大事です。

### けの人へのメッセージ

**何を食べるかも大事。でも、誰と食べるかはもっと大事。**

### VOICE《こたろう》

けの本質は食を通してのコミュニケーション。フランスの貴族ラ・ロシュフコーは、「知的に食べることは芸術である」と言っていますが、一緒に食べる行為はとても知的なんです。動物は警戒し、一緒に和やかに食べることはできません。一緒に食事ができるのは人間だけです。**一緒に食べることで同じ釜を囲む同士の「エネルギーの共鳴・共振」の働きがあるのです。**幕末、殺し合っていた敵同士を坂本龍馬がなぜ和解させられたのか、その秘密のひとつに龍馬の軍鶏《しゃも》鍋好きがあったと思います。同じ鍋を一緒につつきながら、話し合いをしていたからです。戦国時代に武士が杯を交わしたのも同じ。一緒に飲みかわすことで共鳴し、エネルギーが交流するのです。

こ

固【ko】

意味

現実化
実現する
凝る

使命

心を込めて形にする人

小さく書く文字

下がわずかに長い

memo

Lesson

# 目に見えないものを現実化する

「固《こ》」には、目に見えないものを「形にする」、「現実化する」という意味があります。

こは現実化のことだまです。形のなかったものが物質化することや、ものの豊かさを表しています。日本が豊かな国になる過程では、この働きが必要でした。また、夢を形にすることや、実現する兆しを示すことだまでもあります。

## 表の働き 夢やアイデアを形にする

やりたいことやアイデアなど、目に見えないものを形にする力があります。まだ実体がないひらめきに、集中力を持って「凝《こ》る」ことで、形にするためのきっかけを作ることができるのです。

## 裏の働き 物欲が増し、心を込めない

形だけにこだわり、物欲が強くなるのが裏の働きです。形あるものに価値を置きすぎると、せっかくのアイデアを「壊《こわ》す」ことも。心を込《こ》めないので、中身がなく形だけになってしまいます。

## 使命 実現を望む人にとって救世主のような存在

この人は、形のないものを現実化する使命があります。そのため、この人が所属する組織は、計画が実現しやすくなります。その力は人にも使えるので、夢を実現させたい人には救世主のような存在です。このつかない名前の多い若い世代を助ける役割もあります。

### この人に出会ったときは

「形にしましょう」というメッセージ。アイデアを実行に移すときが来ています。心を込めて行いましょう。

# この名言

世の中に
思ひやれども
子をこふる
思ひにまさる
思ひなきかな

——紀貫之（歌人）

### ことだま先生コメント

日本人は心を込めることが大好きです。大事なのは心を「込めて」形にすること。私たちは父母の愛が込められて生まれてきました。だから「こども」なのです。

こたろう VOICE

この世に、親が子を思いやる以上に強く美しいものはないという和歌です。「こふる」とは「恋ふる」の意。一人の子どものオムツ替えは約6000回必要だそうですから、大人になれたということは愛されていたのです。どんな人にも、その人を大切に想う人がいます。僕の友人が、どうしても好きになれない人がいて、でも「その人の親の気持ちを想像したら、ゆるしてあげられた」と言っていました。

こは「固」であり形にする働きです。男女という違う生き物が結びの中で生み出したものが「子《こ》」であり、両親の偉大な愛が形になったのがあなたです。

この世界にあるもの全ては誰かの願いが形になったもの。この星はみんなのメイド・イン・ドリームです！

### この人へのメッセージ

キミが行くところ、そこが夢が叶うパワースポット。

# 一つ一つの音には表と裏の働きがある

「名前のことだま」は吉凶判断をしませんので、名前に良い、悪いのジャッジはしません。ただ、名前の使命を活かす人と活かさない人はいます。

一つの音は「表と裏」の働きを持ちます。これは善悪でも吉凶でもなく陰陽の働きです。それを名前のことだまは「表と裏」と表記しています。

例えば私の名前「ひろし」の㋪は「日、火、一」の使命を持っています。火をつけ、やる気を与える働きです。この使命のことを「表」と表現します。しかし「裏」の「氷」が出ると、やる気を奪う働きになるのです。

㋪の音は温める「日」と冷やす「氷」の全く正反対の働きを持っています。表の日の働きは「温めて広げる」働きです。しかし、裏の氷の働きが出ると反対の「縮む、引きこもる」働きになります。ひかわを「日川」とも書きますし「氷川」とも書きますね。

今までの姓名判断の特徴は、名前が自分に影響を与えるという考

| | 表 | 裏 |
|---|---|---|
| ㋪ | 成長させる<br>やる気を起こさせる | やる気をなくさせる<br>縮む、引きこもる |
| ㋺ | 変革を実現させる | 堂々巡りになる |
| ㋛ | 知らせて問題を解決する | 何もしたくなくなる<br>失敗が尾を引く |

え方です。

悪い名前だと悪い人生を送る。

良い名前だと良い人生を送る。

そんなふうに、「自分が問題なのではなく名前が問題だ」と思っている人が多いのです。だから、姓名判断をして悪い名前だったら良い名前に改名するのです。

「名前のことだま」は名前の見方を大きく変えます。**名前が自分に影響を与えるのではなく、自分が名前に影響を与えます。**名前をコントロールします。これが大きな違いなのです。

名前はあくまで素材です。それを活用して料理を作るのです。

「素材が悪いから素材を変えてください」。これが今までの姓名判断です。

「名前のことだま」は、「素材は最高なので、それを使ってどんな料理を作るか」を問うているのです。素材が何かを問うているのではなく、素晴らしい料理人になることを問うているのです。

自分が名前を活用しているかどうかのチェックが「表と裏」です。

名前の使命を発揮していない、十分に活用していないときに現れるのが、名前が持っている裏の働きです。名前の表と裏はコインと同じようなものです。どちらかを切り離すことはできません。表があるから裏があるのです。

裏が出ているときの状態は、次のようなときです。

**①ゆとりがないとき**

**②自分を大事にしていないとき**

使命が実践できるときの状態は次のようなときです。

**①ゆとりがあるとき**

**②自分を大事にできたので、次は人のお役に立ちたいとき**

**裏の状態は悪いことではなく、「自分を今、大事にしていませんよ」「ゆとりがないのでゆっくり休んで自分の好きなことをしなさい」というサインなのです。**そのように自分をケアすると、今度は表が出てくるようになります。

名前の「表と裏」は、名前を変えるのではなく「名前を活かしていきましょう」ということを教えています。「改名《かいめい》」から「解明《かいめい》」の時代が来たことを教えるのが「名前のことだま」です。

# さ行

# 体験のことだま

「さっさ」と動く、
「すぐ」動くなど、
動きを表し、体験、
経験することの大切さ
を教えています。
フットワークを
軽くして自分から
動くことが、
幸せに生きる
ヒントです。

# さ

幸【sachi】

**意味**

サの神
颯爽
咲く

**使命**

幸を運ぶ人

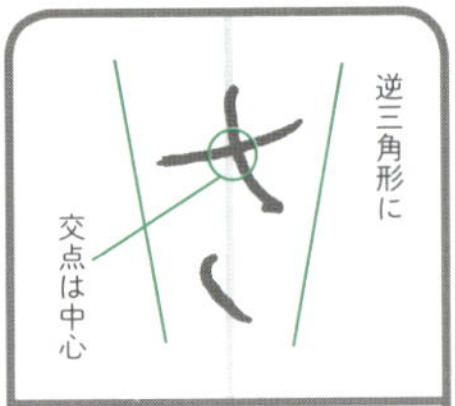


memo

## 爽やかに颯爽と幸を振りまき、花を咲かせる

古来、日本の人々は、山に神様がいて、春になると里に降りて桜《さくら》を咲《さ》かせ、幸《さち》を与えると考えていました。

その山にいる神が「サの神」です。サの神の到来を喜ぶのが、春の花見なのです。

神は一カ所に留まらず、御神木に宿ったり、様々な場所に現れます。

さは、爽《さわ》やかに颯爽《さっそう》と幸を振りまく動きを示すことだまです。

### 表の働き 颯爽と幸せを与える

人がどうしたら幸せになるか、何に喜ぶかを感じ取り、与える力があります。善は急げと言うように「さっ」と素早く動くことがキーワード。また、幸せを与えたら「さっぱりと」忘れることも大切。

### 裏の働き 動かずタイミングを逃す

「今でなくてもいいかな」とグズグズしてタイミングがずれたり、一方的に幸せをもらおうとすると関係を「裂《さ》いて」しまいます。また、抱え込んで与えないと幸せが「去《さ》って」しまうので、注意。

### 使命 相手が求めることを知り幸を与える役割

さの人は、フットワーク軽くさっさと動くことで、幸せを掴めます。幸せは循環するものなので、それを相手に渡すことも、さの人の使命です。人それぞれで幸せは違うものですが、それを感じ取れるさの人は、相手が求めている幸を颯爽と運び、届ける役割があります。

**さの人に出会ったときは**

「動きましょう」というメッセージ。「幸せが来ているよ」と教えていることもあります。

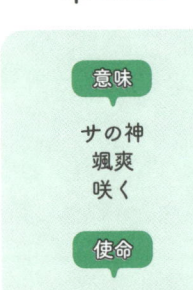

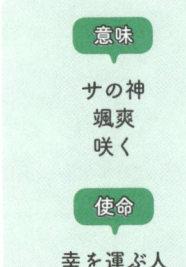

## さの名言

# 一生の間に一人の人間でも幸福にすることが出来れば自分の幸福なのだ

——川端康成（小説家）

**ことだま先生コメント**

善は急げ、思い立ったが吉日です。「幸」は待っていてもやってこないので「さっさ」と動きましょう。それが人のためでも、自分の「幸」となります。

**\\ VOICE《こたろう》 //**

幸をさっと掴み、幸をさっと渡す。幸を颯爽と循環させていくのが㋚のことだまです。

で、ここで質問です。自分で花屋さんで買った花束と、誰かからプレゼントされた花束、どちらがうれしいですか？　人からもらったほうがうれしいですよね。**私たちは、自分を幸せにする力よりも、他人を幸せにする力をより多く与えられているんです。**だから、お互いに「為《な》し合《あ》わせ」たほうがもっと幸せになれるのです。そして、この「為し合わせ」が「しあわせ」の語源になったのだとか。

この星のみんなが一生の間に一人でも誰かを幸せにしたら、世界中の人があっという間にハッピーになっちゃいますね。みんな、さっさと幸せになっちゃおうね。

**さの人へのメッセージ**

さあ、あなたは誰を幸せにしたい？
誰の笑う顔を見たい？

# し

静【sizu-meru】

意味

静める
鎮める
知らせる

使命

知らせる人

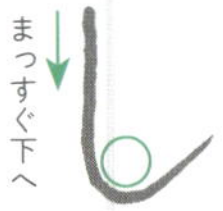




memo

ことだま先生 Lesson

## 問題を解決し沈静化する 大事なことを知らせる

　ザワザワしているときに「しーっ」と言うように、鎮《しず》める音であるしは、問題を解決し、事態を「鎮める」ことを表しています。炎症を抑える鎮静剤と同じように、何かを抑える、沈静化する意味を持ちます。

「知《し》らせる」意味もあり、「慎重《しんちょう》に」「しっかりとわかりやすく」「言葉で知らせる」という3つの手順を思い出させてくれます。

### 表の働き 知らせて問題を解決する

　起こってしまった問題を解決したり、状況を鎮める力があります。また、問題解決の方法を「知らせる」働きもあります。人は知らないと不安になりますが、その不安を取り除くことにつながります。

### 裏の働き トラブルメーカーにもなる

　問題に巻き込まれたり、ときには自分がトラブルメーカーになることも。また、動かなくなることを「死《し》」ととらえるように、何もしたくなくなってしまうこともあるので、注意が必要です。

### 使命 知らせて安心な状態を作る人

　知らせて問題を解決し、周りを安心させるのが役目です。たとえ問題が多い環境を与えられても、静《しず》かで平安な状態を作るのが使命。お金の問題、恋愛の問題、心の問題などにぶつかったときは「自分の出番。活躍のチャンスだ」ととらえて問題を面白がってみましょう。

**しの人に出会ったときは**

「問題を解決する時期が来ていますよ」というメッセージ。心の中のもやもやを解消するときです。

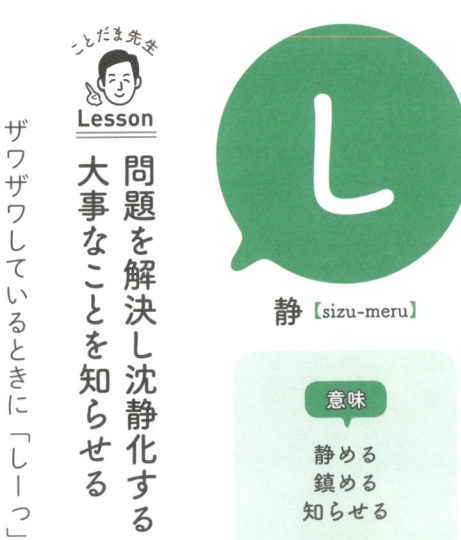

## しの名言

# おだやかな心は問題を解決します。

――ジョセフ・マーフィー（アイルランド出身の宗教家）

### ことだま先生コメント

「知る」ことは力です。いろんなことを知ることで問題解決の力になりますし、知ることは楽しい。知って解決することで人は安心できます。

### こたろう VOICE

しは「問題解決力」。上の名言はこう続きます。「怒りにふるえ、悲しみにうちひしがれ、嫉妬に狂った心は問題をますます混乱させます。問題の解決は心のおだやかな時にしなさい」。

僕は未来を生み出す方程式をこう考えています。**「未来」＝「心の状態」×「行動」**。つまり心の状態がマイナスのままではどんな行動をしても未来はマイナスのままなのです。問題に直面しながらも心をおだやかに保つには問題を乗り越えたときに、どんな自分に成長しているか、先に想像してみることです。この世界のすべての革命は行き詰まったときに起きています。このピンチはどんなチャンスになり得るか、先に想像してみるのです。イマジン。

### しの人へのメッセージ

**映画で一番問題が起きる人を「主人公」と言います。問題がヒーローを生みます。**

# す

素【su】

**意味**

我がない
神様が降りる場所
澄む

**使命**

清い人

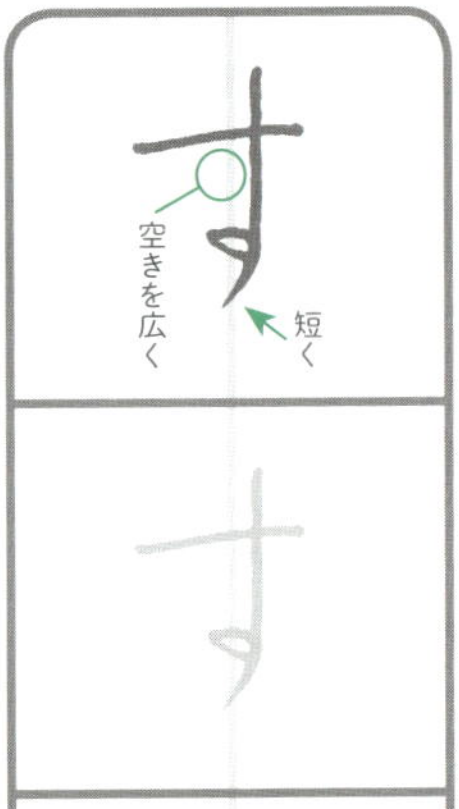


memo

Lesson

## 我がなく清められた素が幸運を呼び込む

古代の日本人は清いものを「我がない」ものと見て、その状態を「素《す》」と表現しました。

神社がいつもきれいに掃き清められているように、神様は清い場所に降りてきます。御神体に鏡が多いのは、鏡に映る自分も清い存在なのだと思い出してもらうためです。

すは、我を抜いて「素」になることが必要だと教えることだまです。

### 表の働き　悪いものを外に出す

心の中から余計な心配事がなくなると「すーっと」するように、悪いものを外に出す働きがあり、澄《す》みわたらせる力があります。「すぐ」動くことでさらに働きが強くなり、幸運につながります。

### 裏の働き　我が強くなることも

我が強くなることがあります。元が清いものは、濁ると目立ちます。普段の生活の中で行う入浴や洗顔も、神事のように丁寧に行ってみましょう。汚れたら「すぐに」きれいにする生活が大切です。

### 使命　身も心もきれいに保ち素でいる大切さを教える

すの人は、普段から部屋を掃除し、身も心も常にきれいにしておく心がけが大切です。そうすれば、神様＝幸運が降りてきて、すごい力を発揮できます。

また、素でいることの大切さを教え、「あなたも清い人ですよ」と人に伝える使命があります。

**すの人に出会ったときは**

心を澄ませるときです。部屋や心を「きれいに掃除、整理できていますか？」という問いかけでもあります。

## すの名言

# 何よりも必要なマインドは「すがすがしさ」である。

——きつかわゆきお（メディア・プロデューサー）

### ことだま先生コメント

「すぐ」に「すがすがしい」気持ちでやることで、せっかく見つけたものをなくさずに済みます。「いつやるか？　今でしょ!」は時代を越えた真実です。

### こたろう VOICE

すはすがすがしい心。神社に鈴《すず》があるのも澄んだ心を作るためです。神話の中でも、スサノオは出雲国に来たときに「この土地に来て、すがすがしいな」と言ったことから、その地は「すが」（須賀）と名付けられました。

心が澄んだ状態。日本人が何より大切にした精神です。ではどうしたら心が澄んでくるのか、それは**自分の本音や感情にちゃんと耳を傾けて、ありのままの自分を認めてあげることからです。**

かっこ悪い自分にも「よしよし」と頭をなでて、「ここにいていいよ」と言ってあげられると、心は自ずと〝す〟（澄）んでくるし、〝す〟っとするし、「素」が「晴」れていきます。それが「素晴らしさ」です。

### すの人へのメッセージ

「す」（素）でいることは無敵。敵さえ「素《す》敵」に変えちゃうんだ。

# せ

勢【se】

**意味**

流れに乗る
流れを作る
勢いがある

**使命**

勢いの人

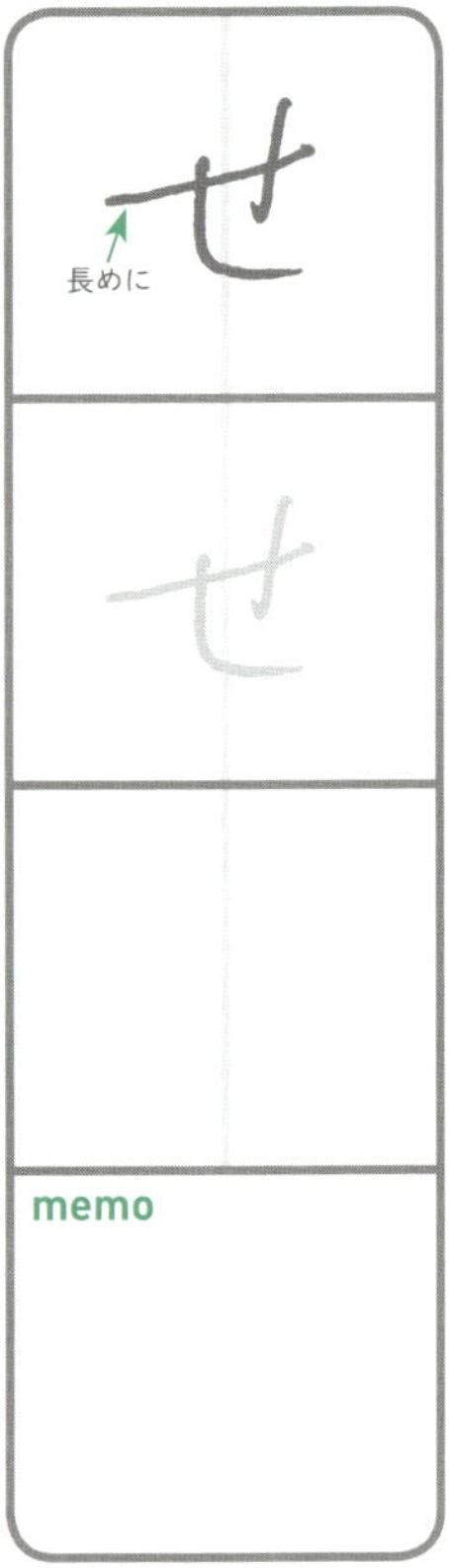


ことだま先生 Lesson

## 素早く変化を読み勢いに乗る

せは、勢いを意味することだまです。川の上流から下流にはスムーズに船が進むように、流れの勢いに乗れば、少しの努力で大きな結果を生み出すことができます。川の流れが早いところを瀬《せ》と呼びますが、勢いのあるところを見極めることも、時代が変化する今は大切です。

時代の流れに乗ることが幸運をもたらします。

### 表の働き 少しの努力で結果を出す

流れを読み取る力があるので、勢いに上手に乗り、少しの努力で結果を生み出す働きがあります。時代の流れを知るようにしておけば、さらにその働きは強くなるでしょう。

### 裏の働き 流れに逆らってしまう

自分の勢いを過信すると、流れに逆行してしまうこともあります。流れに逆らうと、努力の割に結果を出すことができません。流れをよく見て、逆らわないことが大切です。

### 使命 時代の流れを知り勢いに乗って結果を出す

勢いに乗り、うまく結果を出すことを知っているせの人は、自分自身が流れを作り、多くの人が目的地に早くつけるようにしてあげるのも使命です。そのため、時代の流れにも敏感であるほうがいいでしょう。持ち前のフットワークの軽さを活かして行動しましょう。

**せの人に出会ったときは**

「流れに乗っていますよ」「流れが来ていますよ」というメッセージ。変化を意識しましょう。

# せの名言

運勢《せい》という字は「勢いを運ぶ」と書きます。つまり、運勢は勢いです。

――斎藤一人（実業家）

## ことだま先生コメント

幸を見つけるために動き出し、見つけ、そしてすぐやる。このプロセスで流れができて勢いがつきます。勢いがつくと自分の努力の何倍も結果が出てきます。

## こたろうVOICE

「流れに乗る」「勢いがある」それがせです。そして**勢いに乗る秘訣は、まず10分やってみること**なんです。脳に「側坐《そくざ》核《かく》」という部分があり、そこに人の「やる気スイッチ」があります。まずはあれこれ考えずに10分行動してみると側坐核が刺激され、やる気スイッチが入るのです。やる気があるから行動するのではなく、10分行動するから、やる気が出てくるのです。「せーの、よし10分！」と、まずは10分だけ本を読む、仕事をする、かたづけるってことをやってみればはずみがつくのです。

最後に質問。未来の自分がやっていて欲しいことって何？　一日10分でいいのでそれに時間をかけよう。未来の自分の勢いを今に持ってくるんです。

## せの人へのメッセージ

ふと思ったときに、すぐ行動できるようになると勢いは増す。流れとはタイミングだからです。

# そ

礎【so】

**意味**

基礎
土台
ゆったり

**使命**

基礎を大事にする人

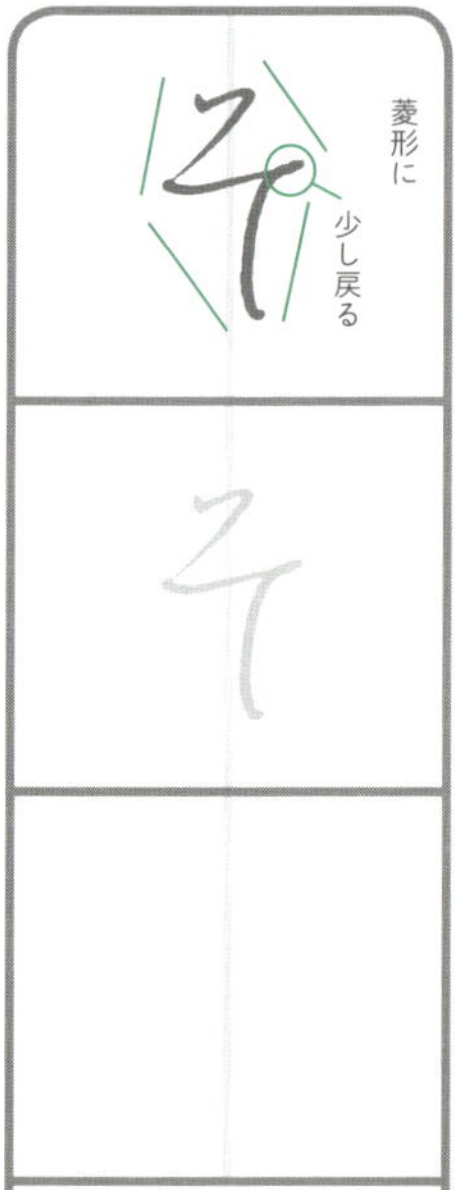


memo

ことだま先生 Lesson

## 基礎作りを大切に さらに発展させていく

動きを表す「さ行」の最後の音そは基礎《きそ》を意味し、そこから大きく発展・展開していく可能性を表しています。

さ行の意味を振り返ると、基礎ができるには「さ探す」「し知る」「すすぐ実践」「せ流れに乗る」という段階を経て、経験が「そ基礎になる」ことを教えています。

また、「そろそろ」とした、ゆったりした動きも表しています。

### 表の働き 土台を築き礎となる

経験から土台を築き、考え方や作り方の「祖《そ》」となる力があります。発展していくための基礎となるのです。また、「そーっと」ゆっくり動くことで、人に安心感を与える働きもあります。

### 裏の働き 忙しいと虚しくなる

忙しいと自分の命や気持ちを削《そ》いでしまい、虚しくなることも。すると心が過《か》疎《そ》地《ち》のように何もなくなり「空言《そらごと》」をいうなど、無責任な行動を取ってしまいます。自分のケアも大切に。

### 使命 まずは自分が祖になり基礎の作り方を教える

その人は、基礎を大事にする人。基礎がなければ、応用もできません。その人は、まずは自分が祖になるため、能動的に動いて可能性を探るくせをつけるといいでしょう。

そして「基礎作りには方法があるのですよ」と、人に教えるのが使命です。

**その人に出会ったときは**

「自分の基礎作りのときですよ」というメッセージ。今後の発展に備え、頑丈な土台を作りましょう。

# （そ）の名言

小さいところから
始めることだ。
そして基礎を固めて
成長し続ける。
これがピラミッドが
作られた
方式である。

——ロバート・シュラー（アメリカの牧師）

**ことだま先生コメント**

あなたの基礎（そ）は「さ行」の「さしすせ」から作られます。基礎があって実践、応用ができます。基礎を作るためにまずは行動、体験が必要なのです。

こたろう
**VOICE**

一流になるための方程式があります。それは**「誰にでもできること」×「誰にもできないくらいやる」**＝「ザ・プロフェッショナル」です。

どんなプロフェッショナルだって、今日できる小さなことを重ねてプロになっています。（そ）はそんな「基礎作り」を示します。

日本一の売り上げを誇るパチンコ屋さんを取材したことがあるのですが、店長はこう言っていました。「ちょっとでもお客さんに喜んでもらえることを社員みんなで100個出し合って、その100個を毎日実践することが私たちにとっての仕事です」と。雨の日は入り口でおしぼりを配るとか、「ちょっとした こと」×「100」＝「日本一」なわけです。

**（そ）の人へのメッセージ**

**基礎を作るコツは小さな一歩を、大きな愛を持ってやること。100％の愛で1ミリずつ前進です。**

# つながることだま あで始まってわで終わる

母音の「あいうえお」は、なぜこの順番なのでしょう？
「あかさたなはまやらわ」行は、なぜこの順番なのでしょう？

　日本語の歴史を調べてみると、最初から「あいうえお」の順番ではなく、また「あかさたな～」の順番でもないことがわかります。いつの頃か、今のような順番に落ち着きました。

「名前のことだま50音」は一つ一つの単音の意味から使命、および日本の知恵をひもといていくわけですが、それだけではなく「つながり」という視点で見ていくと、使い方がさらに広がります。

　そのために知っておいていただきたいのは、50音のポイントは「希望で始めて喜びで終わる」ということです。

　母音はあ（希望）で始まって「おーっ」（喜びの音）で終わります。行はあ（希望）で始まって「わーっ」（歓声）で終わります。母音も行も最初と最後の結論が同じなのです。

　単音に意味づけし、母音、行にも意味づけして、楽しく生きることを伝えているのが「名前のことだま」です。

　母音のポイントはおで終わること。

おの意味は「終わる、尾、上がる」です。おは終わること。その状態が「尾」で、和犬の巻き尾のことです。巻き尾のように丸く終わること。終わると上がる＝新たなことが始まるのです。丸く終わると「上がる」ことを教えていきます。そのときに出る音が「おーっ」（喜びの音）です。

行のポイントはわで終わること。

わの意味は「和、輪、環」です。「和」は「1足す2の和」と表現するように、何か足すときに使います。「今までの経験をすべて足してみましょう」。そんな意味です。それを「輪」にする。つまりつなげるのです。今までの経験はすべて必要だったということです。

そして「環」のように循環すること。わは終わりがないことを教えているのです。そのときに出る音が「わーっ」（歓声）なのです。「つながりの視点」で見ると、50音がとても良くできていることに気づきます。

また、「あいうえお」の5つの母音には次の意味があります。

あ＝企画
い＝選択
う＝計画
え＝行動
お＝実現

つまり、「あっ」と閃《ひらめ》いた希望の中から自分のやっていくことを選び、計画し、行動して、実現していくという、希望が現実化していくプロセスになっているわけです。

同じように、「あかさたな〜」の行にも意味があります。

あ＝基本
か＝人間関係
さ＝体験
た＝土台
な＝成長
は＝発信
ま＝評価
や＝継続
ら＝改善
わ＝統合

以上の母音の5つの働き、行の10のプロセスを体験しながら、最後の「わーっ」という歓声の音が出る人生を目指しましょう。

# た行

# 土台のことだま

「たちつてと」は
基礎作りの
ことだま。
自立するためには、
ブレずに基本を大切に
する必要があることを
教えています。
そして、本当の自立
とは何かを
教えています。

# た

田【ta】

**意味**

立つ
自立
自力と他力

**使命**

和の自立を教える人

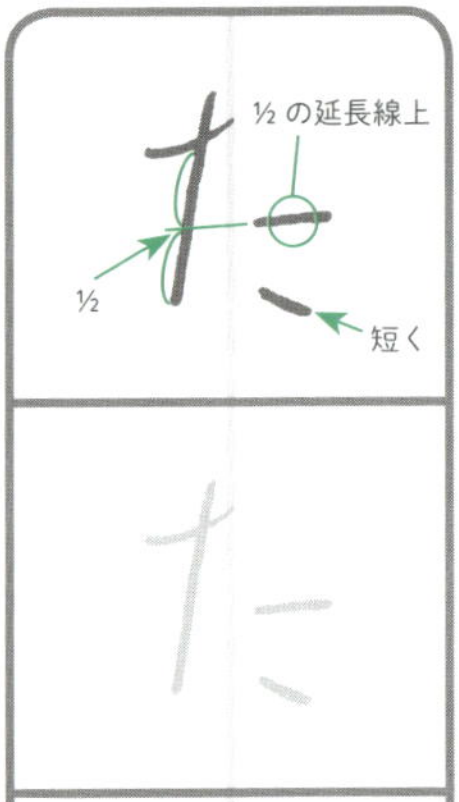


memo

ことだま先生 Lesson

## 他力も頼ってこそ本当の自立ができる

たのことだまは、本当の自立とは何かを示しています。

田《た》んぼでの米作りは「八十八夜」というように、手間がかかるもの。自分で頑張る自力だけではなく、天の恵みという他力《たりき》も必要です。米作りに限らず、すべてを自分一人でやることはできません。

たは、一人でできないことは協力を得ることも大切だと教えています。

### 表の働き　手間をかけ、自力を持つ

田を耕《たがや》すように手間を惜しまず、命の糧を生み出す自力を持てる働きがあります。自分の中にある可能性を知って、それを活かす力があります。また、必要な協力を得る力もあります。

### 裏の働き　お願いができない

人の意見を聞かず自分で頑張りすぎたり、助力を仰がずに人を全く頼《たよ》らなくなってしまうのが、裏の働きです。人はすべてをできなくていいのです。何ができて何ができないか自覚しましょう。

### 使命　自立したお願い上手な努力家

努力家が多いのがたの人の特徴です。一人で何でも行う西洋的な自立は、一握りの人にしかできません。日本的な自立は、普通の人にもできるもの。その「本当の自立」とは何かを教えるのが、たの人の使命です。すべて自分でやろうとせず、お願い上手になりましょう。

**たの人に出会ったときは**

「頼ってもいいよ」というメッセージ。人と比べず、できないことは自覚し、素直に人を頼りましょう。

# 「助《たす》けてください」と言えたとき、人は自立している。

——安冨歩（経済学者）

**ことだま先生コメント**

たの自立は何でもできる人になることではありません。自分のできることは一生懸命やって、できないことはお願いし、助けを求められることなのです。

こたろう
**VOICE**

大学生の空君という友人がいます。彼は大嶋啓介さんの講演に感動し講演後、その場で「僕とコラボ講演をしてください」と頼んだのです。大嶋さんの答えは「いいね！」。それで空君は７００名のホールを押さえ数ヶ月集客に奔走。しかし開催2週間前お客さんは30名だった……。空君は「助けてください」と言えなかった。でも、それどころじゃない。彼は「助けてください」と大人たちに泣きながら思いを語っていった。すると大人たちが「ここからは俺たちに任せろ」と、その後の2週間で、なんと４００名が集まったのです。講演は大成功。**自分ができることをやりきった上で、できないことは助けてと言える。これが本当の自立、**たのことだまです。

**たの人へのメッセージ**

漫画『ワンピース』より。「お前にできねェ事はおれがやる　おれにできねェ事をお前がやれ!!!」

# ち

地【chi】

**意味**

大地
血
乳

**使命**

恵みや力を与える人

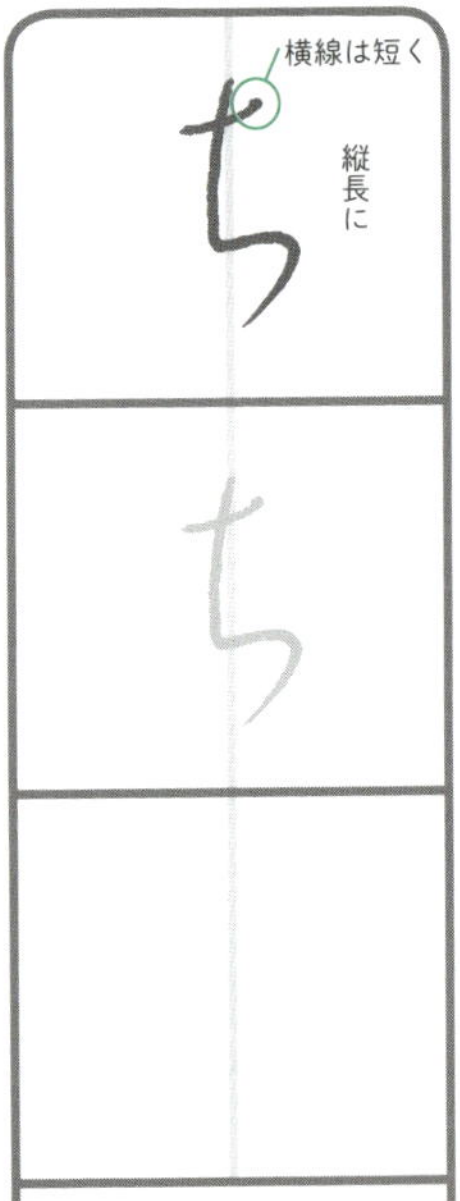


memo

Lesson

## 大地の恵みのような人の生命の源

ちとは大地《だいち》のことです。私たちは大地を駆け巡る動物を狩り、大地を耕して食べ物を手に入れ、大地から生きる力《ちから》を与えられてきました。土地《とち》の神様から命《いのち》をいただくと考え、信仰も生まれました。

ちは、大地に敬意を払い大事にすることで、命や力を与えてもらえることを示しています。また、血《ち》や乳《ちち》のように、命の源を表します。

### 表の働き 生きる力を与える

体を流れる血や子どもを育てる乳が命の源であるように、ちには人に生きる力を与える働きがあります。母体を大事にしないと乳が出ないように、体を大事にすれば、ちの働きは活性化します。

### 裏の働き ブレると壊してしまう

動かないのが大地ですが、ときには信念が揺らぎ、ブレてしまうことも。大地が動くことは地震と同じで、破壊につながります。信念を持って、どっしりと構えておきましょう。

### 使命 大地のように恵みや力を与える人

ちの人は、大地の恵みのように、人に生きる力を与えるのが使命。子どもに命を与えるのは乳ですが、ちの人には圧倒的に女性が多いのです。多くの人に恵みと力を与えることができるので、敬意を払われる存在です。ブレずにひとつのことを続けるのがいいでしょう。

**ちの人に出会ったときは**

「生きる底力を出すときですよ」「大事にされているので頑張りましょう」というメッセージ。

# ちの名言

私たちは
母なる大地に創られ、
母なる大地へ還る。

――シェナンドー族（ネイティブ・アメリカン）

**ことだま先生コメント**

力はちから。地から、血から、乳からもらうのです。大地（自然）、心身（健康）、女性（母）を大事にすると、力をもらえるのです。

**こたろうVOICE**

「どんなことも7世代先まで考えて決めなければならない」。

ネイティブ・アメリカンの考え方です。彼らが何かを選ぶときの基準は、7世代先の子孫が笑顔になるかどうかなんです。

彼らは未来の子どもたちのために大地を何より大事にします。儀式で使う一本の木を切り倒すのにも、どの木を切れば7世代先の子孫たちが困らないか侃々《かんかん》諤々《がくがく》の話し合いをする。たった一本の木を切るのにそこまで真剣に考えて、その上で一本切ったら、新たに一本植えるのです。

恵みは大地から来る。それが「地から」（チカラ）でありちのことだまです。「大地」を大切にすることは、この星の「未来」を守ることになるのです。

**ちの人へのメッセージ**

ときには自然の中に出かけ
裸足で大地に立ってみよう。
不要なものを
大地が抜いてくれます。

# つ

集【tsudo-u】

**意味**

集める
つなげる
伝える

**使命**

つなげる人

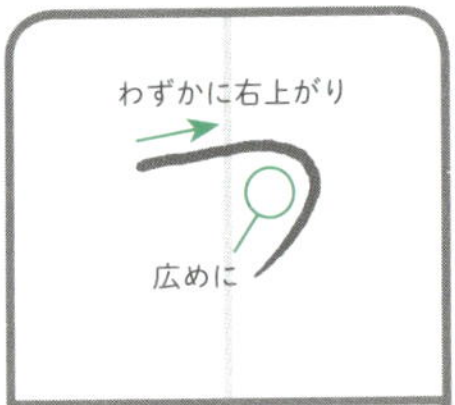


memo

ことだま先生 Lesson

## ものごとや情報を集めて つなげる、そして伝える

人やものが集まってできたところを「津《つ》」と言います。また、「集《つど》う」「集まる」という言葉のように、つにはものごとや情報が集まってくるという意味があります。

つの母音はうなので、うのことだまの働きも併せ持ちます。うは①受けいれて②熟成して③生み出すという働きでしたが、つは①集めて②つなげて③伝《つた》えることを表します。

### 表の働き 情報が集まってくる

人を引き寄せる力があり、いろんな情報が集まってくる働きがあります。なんとなく集めるのではなく、自分に必要なもの、人に伝えて役に立つものを集めるように意識すると、働きが強まります。

### 裏の働き 外に出さないと詰まる

集めたものを活用しないと、外に出せずに「詰《つ》」まってしまいます。たくさん集まった情報は、何が必要で何が不要か整理整頓して、宝の持ち腐れにならないようにしましょう。

### 使命 情報を集め 編集し、伝える人

つの人は、情報を集めてつなげ、伝える使命があります。まずはたくさん情報を集めましょう。情報収集と編集は自分の世界で完結できることですが、伝える段階では人に届けることが大切。ブログなどでアウトプットすると、より働きが良くなるでしょう。

**つの人に出会ったときは**

「アウトプットしましょう」というメッセージです。集めた情報や自分の思いを、誰かに伝えましょう。

## つの名言

# 手はつなぐためにある

——佐藤秀峰（漫画家）

### ことだま先生コメント

人が集まり、つながること。一人で考えていたことが二人で考えると発展し、3人になると文殊の知恵になります。つながることが新しいものを紡ぎ出します。

### こたろうVOICE

目が前についてるのは前を向くため。口が一つで耳が二つなのは自分が話すよりも二倍は周りに耳を傾けようってこと。で、手は何のためにあるかというと、そう、手をつなぐためです。実際の名言は「手は…つなぐためにあるんじゃないのかな…？」なんですけどね。手と手をつなぐことでオーラが融合し、つながりが生まれ新しいものがつくられる。それをつたえるとまた新しい出会いが生まれる。そうして世界は「つどう」「つながる」「つたえる」で進化していくんです。**つなぎ、つたえるためには何を大切にし、誰にとってどんな存在でありたいかが明確になっている必要があります。**大切なものがわかっていないと、何を捨てて何を残すか、決断ができないからです。

### つの人へのメッセージ

**どういう人になりたい？何が幸せ？生きる核がわかっているとシンプルにつたえられます。**

# て

手【te】

**意味**

技術
基礎作り
専門性

**使命**

スペシャリスト

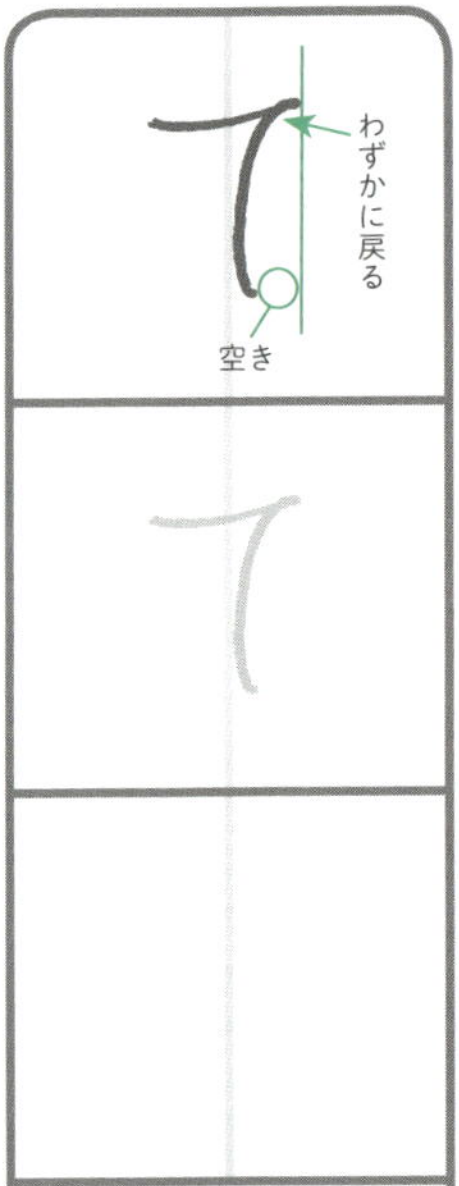


memo

ことだま先生 Lesson

## 人が人らしくあるために必要なことだま

人間が進化した理由の一つは、手《て》を自由に使えるようになったことです。手を使う延長線上に道具が生まれ、人力の何倍、何十倍の成果が出せるようになりました。また、日本語には「手を結ぶ」「手持ちぶさた」など、手の慣用句が多いほか、歌手や選手など専門性の高い職業には「手」がつきます。

てでは、人が人らしくなるために必要なことだまだったのです。

### 表の働き 専門技術を持つ

土を耕す「手」を意味し、専門技術や専門知識を持ち、一つのことに秀でる力があります。また、えの働きを併せ持つので、技術によって人を成長・発展させる働きも持ちます。

### 裏の働き 自分を否定する

どっちつかずになる可能性があります。また、えの裏の働きで「えーっ」と否定してしまうこともあります。「こんなこと誰でもできる」と自分を否定することも。自分に自信を持ちましょう。

### 使命 基礎を大切にするスペシャリスト

ての人の使命は、技術を磨いて人のために役立てること。基礎を大事にし、その先にある専門性を身につけましょう。ての人は、あれもこれもできる人になるより、特別な技術を身につけるスペシャリストを目指したほうが、いきいきする性質を持ちます。

**ての人に出会ったときは**

自分の中にある特別なものを見出すとき。「これは誰にも負けない」という自分の専門性を考えてみませんか?

## ての名言

人には二つの手がありますⓉ。
一つは自らを助けるための手、
もう一つは他人を助けるための手。

——サム・レヴェンソン（詩人）

### ことだま先生コメント

手が使えるから人は進化しました。道具を作り出し、人の力は何十倍も大きくなったのです。自分のため、そして人のために手は使えるのです。

### こたろう VOICE

て（手）は「上手」「一番手」「引く手あまた」「奥の手」などの言葉が示すように「高い専門性（スペシャリスト）」を象徴することだまです。スペシャリストとは、自分のできることを磨き、誰かの役に立てるようになること。そのための道は二つ。好きなものに夢中で打ち込んでいくか、今、やっていることに惚れ込んでいくかです。夢がないという方は、後者の道を歩めばいいわけです。

どちらにしろ、**「その手に魂が込められなければ、芸術は生まれないのだ」**。レオナルド・ダ・ヴィンチの言葉です。一つの手で自分を喜ばせたらドリーム・カム・トゥルー。もう一つの手で誰かを感動させられたらミッション・カム・トゥルーです。

### ての人へのメッセージ

二つの手を見事に使えたら、相手から心からの拍手がまきおこります。拍手、パチパチパチパチ。

# と

土【to】

意味

土地
＋
扉

使命

扉を開く人

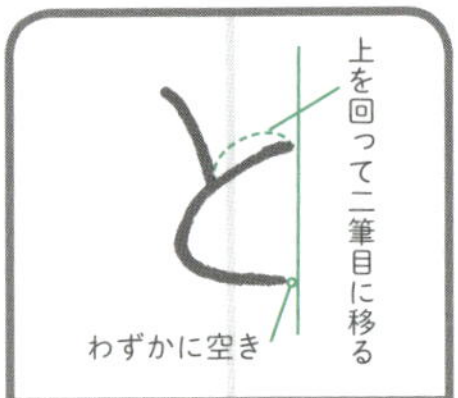


と

memo

## 生まれた土地がくれた命に感謝する大切さ

自分の生まれた土地《とち》の守り神が祀られている神社を産土《うぶすな》神社と言います。赤ちゃんが生まれると産土神社にお宮参りに行く風習があるように、とは、命を授けてくれた土地に感謝することの大切さを意味しています。

また一《ひい》、二《ふう》と始まり「十《とお》」で終わるように、一区切りつけて次の段階に行くことでもあります。とは次のステージの「扉《とびら》」が開く音なのです。

### 表の働き 土地の力を吸収する

生まれた土地との関係が強く、土地からエネルギーを吸収する働きがあり、それを人に与える力があります。「十」には「終わり」という意味があることから、一区切りつける働きもあります。

### 裏の働き とどめをさすことも

「とどめをさす」ように、次への動きがなくなってしまうこともあります。武道・茶道などの道を追究する日本人は、単に終わることを良しとしません。終わりは新たな始まりだと意識しましょう。

### 使命 一区切りつけ扉を開く人

とは「解《と》ける」「閉《と》じる」「止《と》める」など、終わることも意味します。これはおと同じで、終わったら始まるという日本人の終わりなき世界観を表しています。との人は、その道のアンカーの役割。土地からもらったパワーに満ち、次の段階への扉を開く使命があるのです。

**との人に出会ったときは**

「一区切りつけるときです」というメッセージ。抱えている問題があれば解決し、次に進みましょう。

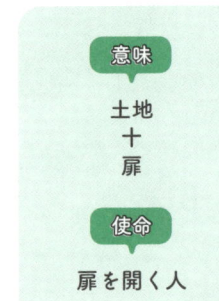

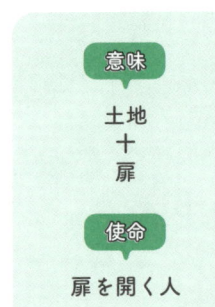

# との名言

あらゆる壁が
扉《とびら》になる。

――西洋の格言

ことだま先生コメント

とは「十」。終わりのことです。終わると始まります。扉が開くのです。本格的なアウトプットの始まりです。それまでの土台作りをするのが「た行」です。

こたろう VOICE

とは扉。新しい扉を開く人です。僕の友人は、好きになった彼女が絵本が好きだというので「絵本なら俺も描いてるぜ」とハッタリをかましました。本当は描いてないんです。では彼はウソつきでしょうか？　ウソつきではありません。その日のうちに画用紙に絵を描いて翌日見せたからです（笑）。彼女はビックリ感動。で彼女に告白したら「あなたが絵本で賞を取ったら付き合う」と。賞を取らないと付き合えない巨大な壁が立ちふさがったのです。それで彼は図書館に通い3ヶ月で6000冊の絵本を読んで、描きあげた絵本が賞を受賞。この彼は今や200冊を超える作品を誇る絵本作家・のぶみさんです。のぶみさんの奥さんは、はい、その彼女です。

との人へのメッセージ

壁こそ、新しい自分になる未来からの宿題なのです。

# 名前を好きになった瞬間に運命が変わる

僕は「漢字ぃ〜ズ」というチームと一緒に漢字の研究をしていた時期があり、その成果として『面白いほど幸せになる漢字の本』(中経の文庫)、『漢字セラピー 五つ星のしあわせ』(ヴィレッジブックス)という二冊の本が生まれました。その中に、こんなことを書かせてもらいました。

『朝』という文字は分解すると『十月十日』(トツキトオカ)というパートで成り立っています。これは受精卵であった私たちが、お母さんのおなかの中で生まれてくる準備をする期間です。十月十日は命が育まれる歳月。つまり、僕らは朝が来るたびに生まれ変わっているのです。どんなにつらい夜でも、次の朝には、また新しい人生を過ごせるように」。

本にこう書いたら、「朝子」という名前の方から、たくさんメールをいただいたんです。

その内容はほぼ一緒でした。

『朝子』という名前がずっと嫌いだったんですが、『朝』という字には素敵な意味があることに気づいて、自分の名前が大好きになりました」と書いてあったんです。

不思議なのはここからです。

「ひすいさん、聞いてください。今まで彼氏がずっとできなかったのに名前を好きになったら彼氏ができたんです！」

「名前を好きになったら、仕事でほめられることが増えました」

その他、運が良くなったとか、人生が変わったとのお声をたくさんいただいたのです。「全国の朝子さんを救った！」って思いましたね（笑）。

このとき、「なぜ、名前を好きになると、人生が変わるのだろう？」という問いが僕の中で生まれました。

名前には何かある！

また、ときを同じくして『3秒でハッピーになる モテ名言セラピー』（ディスカヴァー・トゥエンティワン）という恋愛論を執筆していたので、かわいいのになぜかモテないという人たちを取材していました。

取材を重ねていくと、次第に共通点が見えてきました。それは……**かわいいのにモテない女の子たちは、なぜか自分の名前が嫌いだということです。**

そしてそれは結局、「自分を受けいれていない」ということだったんです。

自分を受けいれていないんだから、他人のことはもっと受けいれられない。だから恋愛が長続きしない。自分を好きじゃないわけだから、自信がない。

一方、かっこよくないのにモテる男性たちはみんな、自分の名前が好きだと言っていました。

**自分をもっとも象徴しているのが名前です。ですから、逆を言えば、名前を好きになることで自分を受けいれることができるのです。**

このことがわかり、名前を本格的に研究してみようと思い、その流れの中で「名前のことだま」を伝えられていた山下弘司先生と出逢えたわけです。

名前と50音。僕らのもっとも身近なところに幸せになる秘密が隠れていたわけです。

大切な人ほど身近にいるように、大切なものほど身近にあるのです。

# な行

# 成長のことだま

「成る」「伸ばす」
など、成長を表す
ことだまです。
自分が
スキルアップする
ために大切なことや、
成長しレベルアップ
するための
プロセスを
教えています。

# な

成【na-ru】

意味

目標達成
完成
レベルアップ

使命

ゴールを目指す人

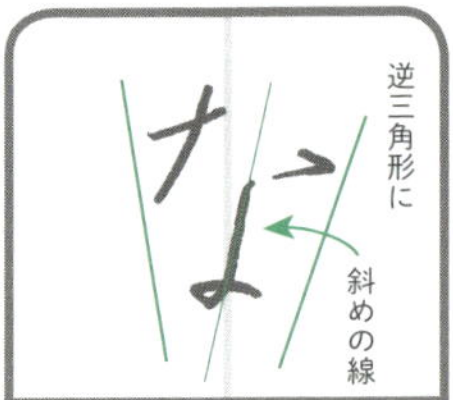


memo

Lesson

## 目標を立てれば実現できる

「成《な》る」とは、目標を立てて実現すること。イソップ物語の「ウサギとカメ」では、ゴールを見続けたカメに対し、足の速いウサギはカメを見て、他人と比較して自分の素質を活かせませんでした。カメのように目標をちゃんと設定すれば、たとえ凡人でもゴールに到達できます。

目標は達成できるということを教えるのが、なのことだまです。

表の働き

## 目標を達成する

目標を立て達成する働きがあります。また、周囲の人に必要な目標を教えることもできます。人は目的や目標があると力が出てきます。その力を与える働きがあります。

裏の働き

## 目標を失って悩む

目標を失い、くよくよと悩《なや》んでしまうこともあります。「これでいいのかな?」と行動できなくなったり、「いいなあ」と人と比較して、一喜一憂してしまうことも。初心を思い出しましょう。

使命

## 目標に向かって努力しレベルアップできる

幼い頃から、目標を立ててそれを達成する喜びを感じてきたなの人は、レベルアップできる人。自分の人生のゴールを設定し、目標が一度明確になれば、そこを目指して力を尽くすことができます。そして、目標を設定する大事さを、人に教える使命があります。

なの人に出会ったときは

「今、目標がありますか?」というメッセージ。人と比較せず、自分の目標を持ちましょう。

# なの名言

なせば成る、
なさねば成らぬ
何事も、
成らぬは人の
なさぬなりけり

——上杉鷹山（米沢藩藩主）

## ことだま先生コメント

なは「成る目標」を持った人生のことです。人生は二つの生き方に大別できます。目標を持った人生、人と比較する人生、どちらを選ぶかはあなた次第です。

## VOICE《こたろう》

「やってみせる！」という意志を持って行えば必ず実現する。できないときは、その意志がないからだという名言です。ケネディアメリカ第35代大統領が「日本人の政治家の中で一番尊敬している」と名を挙げた上杉鷹山《ようざん》の名言です。

なは目標を持って成し遂げていくことの大切さを教えてくれることだま。なの裏の働きは「悩む」ですが、叶えたい望みがあるからこそ悩むのです。悩みの裏には「こうしたい」という希望があるのです。だから堂々と悩んでよし。

そして、成すための秘訣は、孫正義さんがこう教えてくれています。**「近くを見るから船酔いするんです。100キロ先を見てれば景色は絶対にぶれない」。**目標のその先を描こう。

## なの人へのメッセージ

目標を達成したら
その先はどうなっている？
目標を通過点に
してしまえばいいのです。

# に

似【ni-ru】

**意味**

真似る
煮る
まとめる

**使命**

自分らしさを伝える人

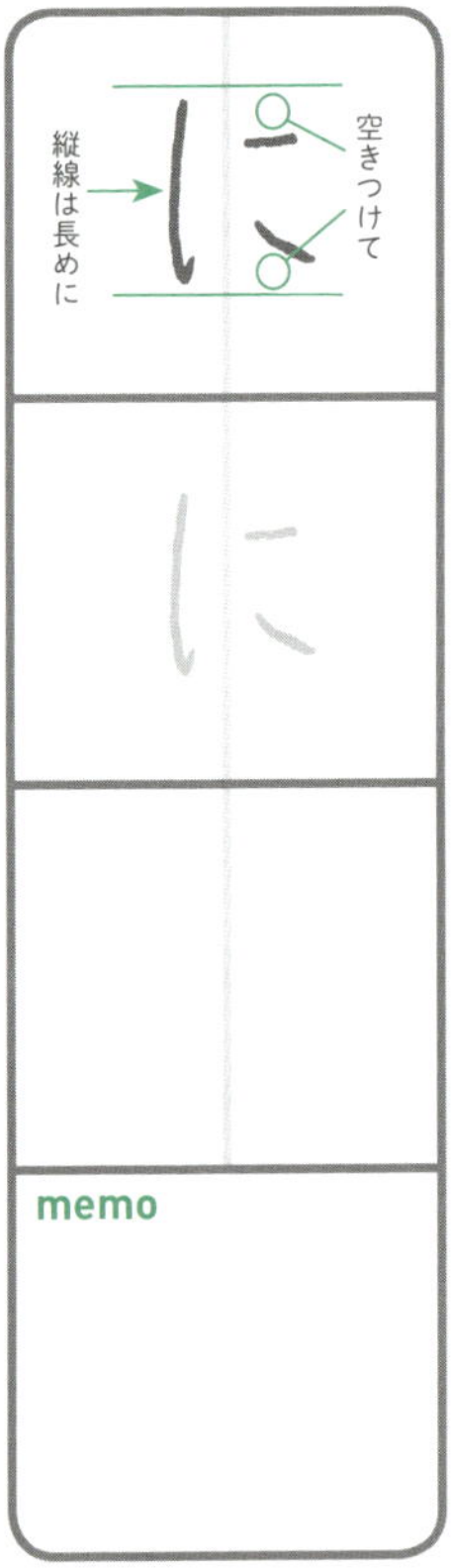


ことだま先生

Lesson

## 真似して工夫し自分らしさが生まれる

にのことだまが教えるのは、「本当の個性とは何か」ということです。

古代の日本人は個性を「たま（玉・魂）」と言い、磨けば輝く原石だと考えました。磨くためにはまず、型から入ること。武芸の世界で言われる「守《しゅ》破《は》離《り》」です。〈守〉師を真似《まね》る、〈破〉工夫するプロセスを経て、〈離〉個性になります。真似ることが自分らしさにつながるのです。

表の働き

## 時間をかけて個性を磨く

食材をじっくり「煮《に》る」ことで料理がおいしくなるように、時間をかけて個性を磨く働きがあります。また、一緒に煮れば素材が良さを引き出し合うように、違うものをまとめる力があります。

裏の働き

## 単なる変わり者になる

表面的な個性にこだわると、逆に無個性になります。また、個性を勘違いしていると、単なる「変わり者」になる可能性もあるので、本当の自分らしさを見失わないようにしましょう。

使命

## 同じことをやっても違うのが本当の個性

同じ役でも役者によって変わるように、同じことをやっていても違うのが本当の個性です。にの人は、本当の自分らしさとは何かを人に伝える使命があります。そのために自分も、憧れの人や尊敬する人を真似て、自分らしく味のある個性を磨いていくと力を発揮できます。

**にの人に出会ったときは**

自分らしさを発揮するとき。あなたらしさとは何か、自分の個性を見つめ直してみましょう。

# にの名言

## 「真似る」を「学ぶ」まで進めよ

——野村克也（元プロ野球選手・監督）

### ことだま先生コメント

自分らしさ（個性）は真似ることから始まります。真似るは学ぶことです。わかりやすく言えば、型から入ること。師の型を学ぶと個性が生まれてくるのです。

### こたろう《こたろう》 VOICE

には「にせる（真似る）」。真似る中から自分らしさを見出していく働きです。名言の野村さんが現役の頃、打撃の神様・川上哲治のスイングを真似しようと、柄《ひ》杓《しゃく》で水を撒くような低めの素振りを繰り返していたときのこと。なぜそんな変なスイングを？ でも、実際に真似てみると「下半身の使い方を身体に覚え込ませるため」とわかったのだとか。

ただ真似るだけではなく、どうしてそうしているのか？ どうすれば自分にピッタリ合うものに変えられるか？ 真似ることをとおして、ちゃんと考えることが大事だと野村さんは言います。**なぜ、そうしているのかに思いを馳せることで、真似るは学ぶに進化するのです。**何気なくやらない。ちゃんと考えてやるんです。

### にの人へのメッセージ

あなたがこうなりたいというお手本のような人の半径3メートル以内で同じ空気を吸ってみよう。

# ぬ

布【nuno】

**意味**

縦糸と横糸
組み合わせる
コラボレーション

**使命**

組み合わせる人

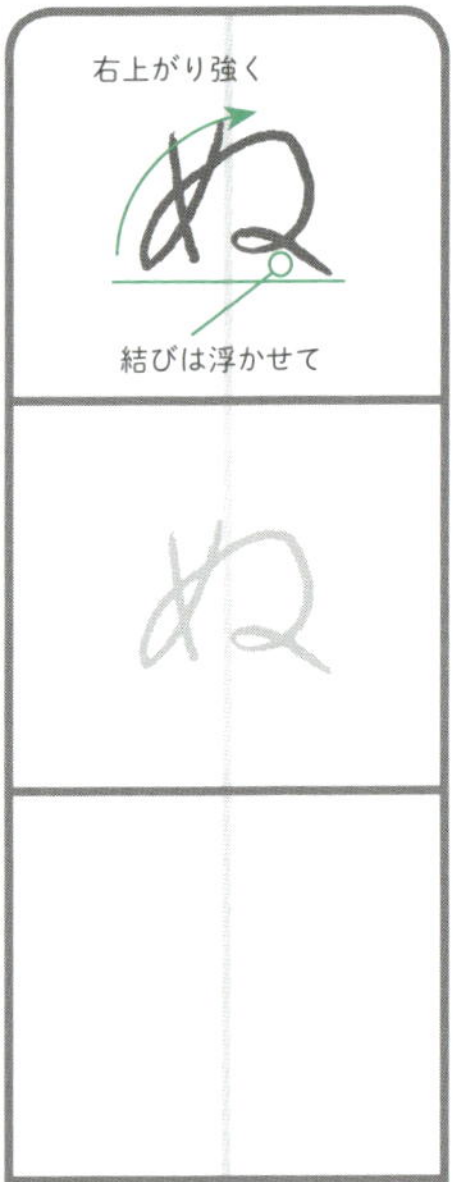


memo

ことだま先生 Lesson

## 生きるためには組み合わさることが必要

「衣食住」の最初が「衣」であるように、人が人らしくなったのは、服を着るようになったからです。体を守り、暑さや寒さから守る服は、布《ぬの》でできています。その布は、縦糸と横糸の組み合わせで作ります。縦糸だけでも横糸だけでも布はできません。

ぬのことだまは、人が生きるためには、違うものが組み合わさることが必要だと教えています。

### 表の働き 違うものを組み合わせる

「縫《ぬ》う」ように、違うものを組み合わせる力があります。個性の違うものでも包み込み、新しいものを生み出す働きがあります。壁を「塗《ぬ》る」ように、最後の仕上げをする働きもあります。

### 裏の働き バラバラになる

余裕がなくなると、まとめられなくなります。違うものを認めないことも。自分だけで頑張ってしまうと、新しいものは生み出せません。バラバラにならないように注意しましょう。

### 使命 人との関係を築き新しいものを生み出す

ぬの人は、人との関係を築くことが使命です。成長していくために必要なのは、自分と違うものとの組み合わせ。あなたが縦糸なら、横糸の人を仲間に持ちましょう。個性の違う人とのコラボレーションが、ぬの人の成長の鍵。その大切さを教える役割でもあります。

**ぬの人に出会ったときは**

あなたとは違うタイプの人や、苦手なものにも目を向けてみれば、新しいものが生まれるでしょう。

## ぬの名言

縦の糸はあなた
横の糸は私
織りなす布は
いつか誰かを
暖めうるかもしれない

——中島みゆき（歌手）「糸」

### ことだま先生コメント

縦糸と横糸という違うものを組み合わせて布ができます。私と違う考え方、技法を組み合わせると誰かのための新しい布ができるのです。

### ぬの人へのメッセージ

出会いをゴールにするのではなく、何のために出会ったのか、出会いをスタートにしよう。

### こたろう VOICE

結婚式で使われる歌は「一生愛します」という歌ばかりだったけど、この「糸」という歌は他と全く違うと山下先生が教えてくれました。

私とあなた、違うものが結ばれることで織りなされる、新しい価値である布。まさにぬの働きですが、その布が、いつか誰かを暖めるかもしれないと歌っているのです。

**私とあなたが出会った目的は、愛し続けることではなく、一緒に誰かの心を暖かくするためなんだと。**愛のベクトルが外に向かっているのです。

「愛する。それはお互いに見つめ合うことではなく、一緒に同じ方向を見つめることである」というサン＝テグジュペリの名言を思い出します。

# ね

音【ne】

意味

兆し
目に見えないもの
感覚

使命

感じ取る人

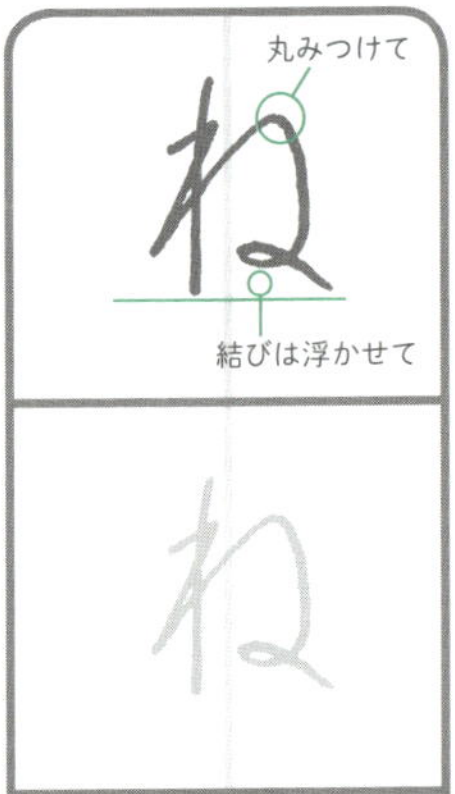


memo

ことだま先生
Lesson

## 見えないけれど大切なもの

ねは、目に見えない「兆し」や、気配や感覚でなんとなくわかるもののことです。音は目に見えませんが、美しい音には心が癒やされます。人の本《ほん》音《ね》も見えませんが、その人の仕草や態度でわかります。携帯電話の見えない電波は、大事なメッセージを届けてくれます。

ねのことだまは、見えないけれど大切なものの存在を示しています。

### 表の働き 兆しを感じ取る

目には見えない動きを、兆しから感じ取れる働きがあります。また、感受性が強いのも特徴。風の音や川のせせらぎなど、自然の音が心の豊かさを育むことを教える働きもあります。

### 裏の働き 見えるものだけを信じる

えの裏の働きもあるので、「見えないとわかりません」と否定的になることも。目に見えるものだけを信じてしまうと、兆しが読めません。体感や経験しか信じない気分のときは要注意です。

### 使命 繊細な感覚で、目に見えないものを感じる

地上からは見えない木の根《ね》が高い幹を支えるように、大事なものは見えないことを知っているのがねの人です。ねのつく名前の人は女性に多く、流行の兆しを感じ取る感覚の鋭さもあります。目に見えないものの大切さを、人が忘れないように伝える使命があります。

### ねの人に出会ったときは

「成長のための兆しがありますよ」というメッセージ。何かが起こる前触れととらえ、周りを見渡してみましょう。

## ねの名言

草のそよぎにも、小川のせせらぎにも、耳を傾ければそこに**音楽**がある。

——バイロン（イギリスの詩人）

### ことだま先生コメント

「ね（音）」は見えないけど大事なもの。鈴虫の音を「りーんりーん」と言葉にできる日本人は、見えなくても大事なものがあることを知っています。

### こたろう VOICE

**ね**は「音色《ねいろ》」の「ね」。そして神社は音色を味わう場所でもあります。伊勢神宮の参道には小石が敷き詰められていて、歩くときにじゃりじゃりと音がします。そして五十鈴《いすず》川のせせらぎの音を感じながら、風で揺れる葉ずれの音、鳥の鳴き声を味わい、参道を奥へ奥へと歩いていきます。自然の音色で次第に心が浄化されていく仕掛けが伊勢神宮にはあるのです。

神様は音とともにやって来ると言われており、「音連れ《おとづれ》」が「訪れ《おとずれ》」の原型になっています。

ドイツの小説家ジャン・パウルは**「音楽は空気の詩である」**と言いましたが、自然の音色はまさに「空気の詩」なのです。

### ねの人へのメッセージ

考えすぎていると、周りの音色は聞こえなくなります。時々、空を見上げ耳を澄ましてみよう。

# の

野【no】

**意味**

駆け巡る
自主性
マイルール

**使命**

伸ばす人

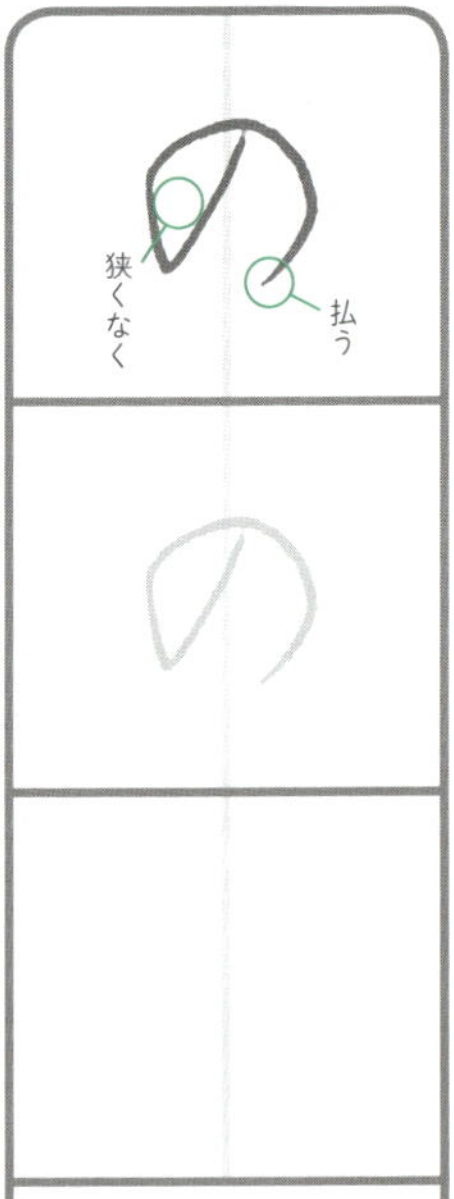


memo

ことだま先生 Lesson

## 自らの意思で自由にのびのび動く

野《の》は古代の日本人にとって、生命の活動の場所。野原を自由に駆け巡ることで、狩りと採集の技術を伸《の》ばしました。のはそのように、自由にのびのびと動くことを意味します。

この場合の自由とは、何でも自由にできるという意味よりも、自主的にやるという意味です。言われたからやるというより、自らの意思で行うこと。それが、のが表す「自由」です。

### 表の働き　人の能力を伸ばす

生物が成長するための力を「野」が与えるように、人の能力を伸ばす力があります。また「私にやらせてください」と自主的に意思表示することで働きが強まり、自分も成長することができます。

### 裏の働き　自由奔放になる

野《の》放図《ほうず》に自由奔放なふるまいをしたり、自分勝手になることもあります。反対に自主性がなくなることも。マイルールを持って、自分の壁を乗《の》り越えて成長していきましょう。

### 使命　伸びるために必要なルールの大切さを教える

のの人には、伸びるために必要なことを教える使命があります。成長に必要なのは、実はルール。スポーツには必ずルールがあるように、能力を高めるのは規制を乗り越える工夫です。それを知るのの人は、成長のためのマイルールを作れば、さらに輝けるでしょう。

**のの人に出会ったときは**

成長する時期。人が決めたルールではなく、自分が決めた「マイルール」でやりましょう。

# のの名言

思いきって、
のびのびと
踏みだしてみる。
そして人間的な自由とは
なんであるか、
その歓びをみずから
発見するんだ。

——岡本太郎（芸術家）

**ことだま先生コメント**

のは伸ばすこと。伸ばすときに必要なことが自由（自主性）と秩序（ルール）です。自由と秩序という正反対のものが組み合わさると大きく伸びていくのです。

**こたろう VOICE**

のは、自由にのびのびと駆け巡ることだま。ポイントは、やらされるのではなく、「やりたい」と自発的にやること。

『予《よ》祝《しゅく》のススメ 前祝いの法則』の共著者・大嶋啓介さんは高校生のとき700名の中でずっと成績は一番でした。中学まで勉強嫌いだった彼が、高校からは3年間、学年トップ。実は勉強をワクワクやりたくなる方法を発見したからなんです。その秘策とは「告白」です。片思いをしていた子に「今度のテストで、学年で3番以内に入ったら付き合ってほしい」と告白したら、あれだけ苦痛だった勉強が楽しくなってきたのだとか（笑）。やらされている間は伸びません。**自らやりたくなったら、別人かってくらい伸びるんです（笑）。**

**のの人へのメッセージ**

どんなことが起きたら興奮する？
人生はときめいたもん勝ちです。

# 「名」を「言」うことこそ、究極の「名言」

**自分の力では絶対に起こすことのできない奇跡が、この世界にたったひとつだけあります。それは……生まれてくることです。**

あなたが生まれてきたことは、あなたの両親が起こした奇跡です。

そして奇跡を起こした、その両親からもらう一番最初で最高のプレゼントこそ君の名です。

**こ**とは、ことだま的には「思いが形になったもの」を言います。両親二人の愛の「思いが形になったもの」を、日本人は「子（こ）」と表現したわけです。日本人の素晴らしい感性に感動です。

息子（むすこ）、娘（むすめ）という言葉にも、日本人の「子（こ）」への思いは深く表れています。まず**む**は「蒸《む》す」「結《むす》ぶ」の意味を持ちます。お酒は米を蒸して造られますが、米に付加価値がついたものがお酒。そういったことから、**む**には、プラスアルファの価値をつけるという働きがあります。

そして、男女が結ばれて生まれてきたのが息子（むすこ）、娘（むすめ）。

日本人は、子どもは親よりも価値あるものと大切にしてきたことが**む**と名づけたことからもわかるわけです。

僕も子どもの名前をつけるとき、本当に一生懸命考えました。親になって初めてわかりました。**幸せになって欲しいという親の祈り、それが名前だということに。**たとえ親が亡くなっても、名前をとおして、僕らは一生、親の祈りとつながっているのです。

そして、名前に誇りを持って自分らしい生き方をすることこそ、「究極の親孝行」じゃないかと思うのです。

自分の名前を受けいれることは、親を受けいれることです。すると、親をとおして、何億年と脈々とつながってきたご先祖様たちの血とつながることになるのです。

**「心」を「受」けいれると書いて「愛」と読みます。**人によっては親をゆるせない人もいるでしょう。

そのときはゆるせなくてもいい。ただ、あなたは親から愛されたかったし、愛したかったという自分の本当の気持ちだけはちゃんと受けいれて、その名を引き受けてください。名前を受けいれることは、自分の原点（ルーツ）を受け入れるということです。ですから、名前を好きになった瞬間から運命は変わるのです。

名前はルーツにつながるパスワードだったのです。

そして名前には偶然という名の必然が隠されています。たとえば皇室に嫁いだお二人の名前です。

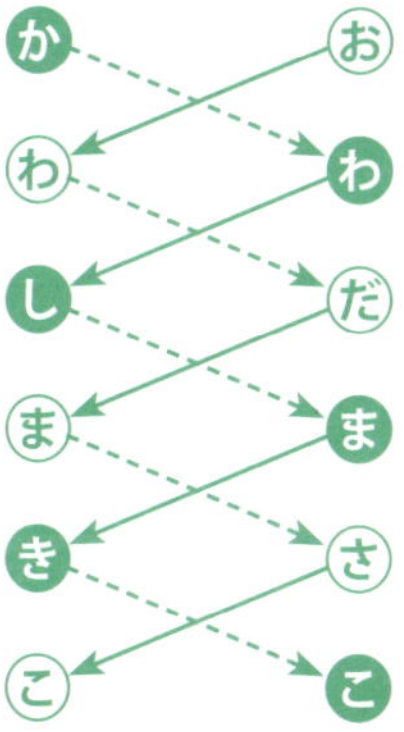


お互いにジグザクに読んでも相手の名前になるのです。これは偶然の領域を超えていませんか？名前は必然なのです。

さらにヒーラーの寺尾夫美子さんは『ヒーリングレッスン オーラの綺麗な人になる』（河出書房新社）でこう言っています。

**「私達個人の名前は、各人の波動を正す力を持っており、名前で呼ばれることには、自分力エネルギーを活性化させる働きがあります」。**

自分の名前を声に出して唱えると、エネルギーが調整されて波動が強まるのだそうです。今日は、お風呂の中で、自分の名前の響きをゆったり味わってみてくださいね。自分の名前の響きって気持ちいいですから。

**究極の名言は、あなたの名前です。「名」を「言」うこと、それこそが「名言」ど真ん中だからです。**

# は行

# 発信のことだま

「羽ばたく」
「広がる」など、
外に向かうことを
大切にする
ことだまです。自分が
持っているもの、
身につけたものを
発信し、人のために
役立てることの
大切さを教えています。

# は

羽【hane】

**意味**

跳ねる
働く
発信

**使命**

発信する人

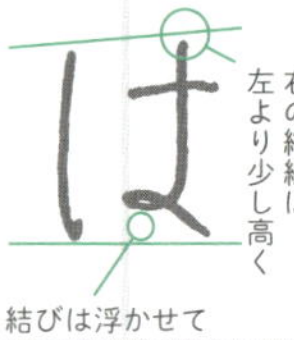


memo

## 傍を楽にさせる日本の労働観

「跳《は》ねる」「弾《はじ》ける」など、はは上に向かって広がる動きを表します。また、発信《はっしん》するという意味もあり、能力を発信して働《はたら》くことでもあります。

西洋の神は労働はしませんが、日本の古事記では神様自ら働きます。働くとは、「傍《はた》を楽にする」ことでもあり、人のためにやることは、すべて労働。はのことだまは、古来の日本人の労働観も表しているのです。

### 表の働き　晴れやかに希望を与える

晴《は》れやかに、人に希望を与える働きがあります。また、発信することで人に喜びをもたらす力もあります。その結果として、人を行動に移させます。

### 裏の働き　人の目を気にする

相手がどう思っているか気になったり、人の視線を気にしすぎたりすることがあります。「はあ……」というため息で、周りをがっかりさせることも。晴れやかな気持ちを思い出しましょう。

### 使命　能力を発信し人の役に立つ

はの人は、自分が持つものを外に向かって発信する使命があります。つまり、自分の能力を仕事に活かすこと。生活のため、お金のためだけに働くと虚しくなりますが、自分のためだけでなく人の役に立つ仕事をすれば、より力を発揮できるでしょう。

**はの人に出会ったときは**

持っているものを発信するとき。勉強をしたり資格を取ったりしたら、周りの人のために活かしましょう。

## はの名言

# 自分の時間を誰かの喜びに変えることが、働《はたら》くということだよ。

——喜多川泰（作家）

**ことだま先生コメント**

「働く」とは生活のためだけではなく、人のお役に立つこと。日本人が「天職」を求めるのは「働く」ことを大事にした文化があるからです。

**はの人へのメッセージ**

**自分がしてもらったらうれしいことを人にしてあげよう。**

**こたろうVOICE**

はのことだまは「働く」こと。

聖書によればアダムとイブは、エデンの園で楽しく暮らしていたのに、神様が「食べてはいけない」と言った木から実を取って食べてしまったので、エデンの園から追放。その罰として、「労働」しなければいけなくなりました。そもそもが罰だった。これが、西洋の仕事観の原点です。だから、セミリタイヤなんて発想も出てくるのです。

しかし、日本の神話では、神様たち自らがせっせと働いています。**もう、働くの大好き。**日本の主神、天照大神も機（はた）織りをしています。日本では古来、労働は「神事」だったんです。

名言にあるように仕事とは、志を持って誰かの喜びに仕える事です。

あ か さ た な は ま や ら わ

# ひ

火【hi】

**意味**

広げる
始める
独創

**使命**

火をつける人

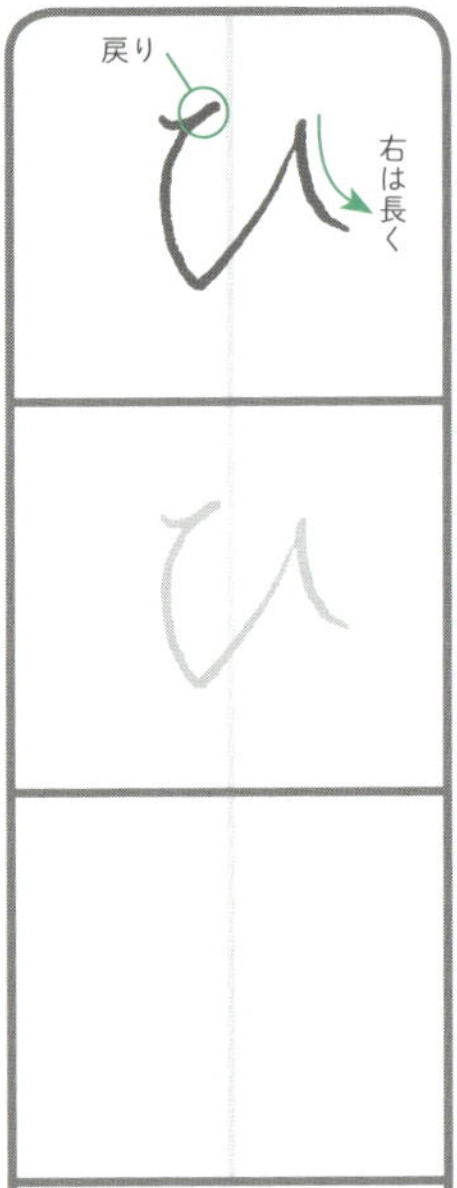


memo

ことだま先生 Lesson

## 人らしくあるために必要なのが火

人類は火《ひ》の使い方を覚えて進化したとも言われます。火のおかげで調理の幅が広がり、寒いところでも住めるようになりました。人が人らしくあるために必要なのが、火なのです。

また、日《ひ》は太陽のことです。初日の出を拝んだり、国旗が日の丸であることからもわかるように、古代より太陽を重視する日本。ひは、日本の根幹のようなことだまなのです。

**表の働き**

### やる気を起こさせる

「火をつける」という言葉があるように、ひにはやる気を喚起する働きがあります。また、温めることでものが膨張するように、知識や情報、心を大きく広《ひろ》げ、成長させる力もあります。

**裏の働き**

### ひとりよがりになる

ゆとりがないと、引《ひ》きこもったり、独善的でひとりよがりになることもあります。太陽でもあるひの裏は氷。人の気持ちを冷《ひ》やしてやる気を奪ってしまうことも。太陽の温かさを思い出しましょう。

**使命**

### やる気を起こさせ人の後押しをする

ひの人の使命は、身につけたものをアウトプットし、新しい何かを始めること。新たな扉を開《ひら》き、独創的に一人《ひとり》で始めることのできる人です。

また、何かを始めようとする人のやる気に火をつけて、世界を広げる後押しをする、サポートの役割もあります。

**ひの人に出会ったときは**

「始めましょう」「新たな旅立ちです」というメッセージ。勇気を出して、未来への扉を開きましょう。

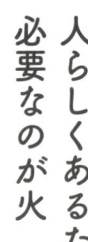

# ひの名言

偉大な教師というのは生徒の心に火をつける。

——ウィリアム・アーサー・ウォード（アメリカの教育者）

### ことだま先生コメント

ひは「太陽、火」。日本人は生きるためにとても大事なものをひと呼びました。家庭の太陽はお母さん。「あなたは太陽みたい」は好きな人に言う言葉です。

### こたろう VOICE

名言の全文はこう。「ふつうの教師はただ話す。良い教師はわかりやすいように解説する。優れた教師は自らやってみせる。そして、偉大な教師というのは生徒の心に火をつける」。ひは「心に火をつける人」。やる気のスイッチを押す人です。上場企業の経営者を10人以上生み出した伝説のコンサルタント・福島正伸先生は、究極のコンサルティングは、企業の問題を具体的に解決することではないと言います。なぜならコンサルタントが問題を一つ解決しても、問題は毎日浮上するからです。だから**究極のコンサルティングとは、スタッフのやる気を引き出し、自ら問題に立ち向かっていける人を育てること**なんだと。心に火がついたら、人は勝手に頑張るからです。

### ひの人へのメッセージ

あなたのひで世界を温めよう。その光はローソクの灯りのように分けたら増えるのです。

# ふ

吹【fu-ku】

**意味**

浄化
膨らませる
方向を決める

**使命**

浄化の人

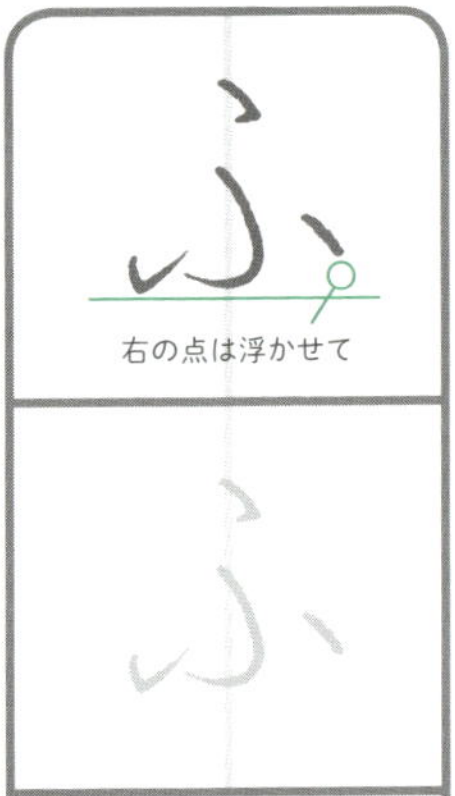


memo

ことだま先生 Lesson

## 心に降る埃はふーっと浄化する

日本では、不平や不満は埃《ほこり》と同じで、自然に出てくるものだと考えられていました。自然に降《ふ》ってくる埃は「ふーっ」と吹《ふ》き飛ばし、自分で浄化すればいいのです。その吐く息の音である

ふは、浄化を意味します。

これは神道の「祓《はら》い」と同じ。神社にお参りし、手水舎と鈴、柏手でセルフケアする文化が、日本には古くからあるのです。

### 表の働き 方向を決める

風が一方向に「吹く」ように、方向性を決める働きがあります。吹くは「福《ふく》」に通じ、方向を決めることで福を生み出していきます。アイデアなどを膨《ふく》らませたり、増《ふ》やしたりする働きもあります。

### 裏の働き 塞いでしまう

方向を決めず欲張ると、どっちつかずになることも。情報や感情に蓋《ふた》をしたり、出口を塞《ふさ》いだりすることもあり、「は行」の表の働きである発信ができないこともあるので、注意が必要です。

### 使命 ネガティブな感情は溜めないで浄化する

ふの人は、ネガティブな感情を「ふーっ」と吹き飛ばし、浄化するのが使命です。ネガティブな感情は自分のせいだと思いがちですが、自然に降ってくるもの。降り積もらないように日々浄化して、本来の輝きを隠さないようにすれば、より活躍できるでしょう。

**ふの人に出会ったときは**

「心に何か溜まっていませんか?」というメッセージ。ふーっと吹き飛ばせば、本来の自分に戻れます。

## ふの名言

# 美は余分なものの浄化である。

——ミケランジェロ（イタリアの芸術家）

**ことだま先生コメント**

人にとってネガティブな感情は「余分なもの」です。そんな余分なものは「ふーっ」と「吹く」だけでいいのです。そうすれば「浄化」され、美が現れます。

こたろう VOICE

不平や不満や嫉妬など、わき上がってくるネガティブな感情に悩まされている人は多いと思うのです。でも、山下先生によると、日本人はそれらを魂に降りてくる「埃」程度に思っていたと聞いて、新鮮でした。だってネガティブな感情は自分が悪いからだって思うし、だからこそ自分を責めちゃう人も多い。でも、日本人はそれらを自然なものだと流していたのです。

確かに、家の埃は誰かが悪いから出るわけではなく、自然に出るものですよね。で、埃が出たら、その都度、「ふーっ」と吹き払えばいいだけの問題だったんです。この「ふーっ」こそ浄化のことだまです。名言の通り、**美とは、埃を取りさえすれば、そこにあるものなのです。**

**ふの人へのメッセージ**

お風呂の中で嫌な思いが出ていくことをイメージしながら「ふ――っ」と息を吹き出してみよう。

# へ

辺【hen】

**意味**

境界線から飛び出す
成長
意外な展開

**使命**

冒険の人

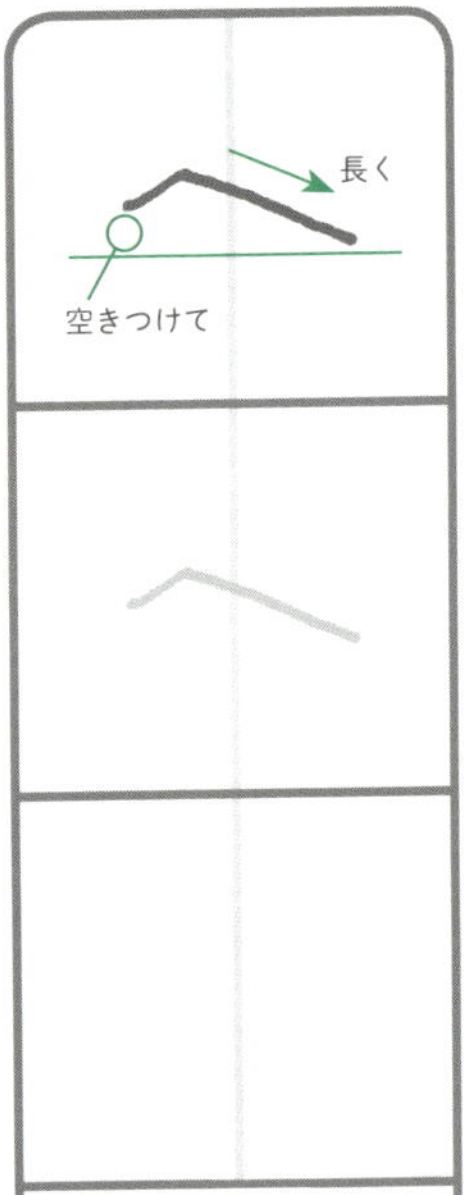


memo

ことだま先生 Lesson

## 境界線を越え新しい世界に向かう

「辺《へん》」は「川辺《かわべ》」、「海辺《うみべ》」など、陸と川、海との境界線を表します。その境界線を越えて新しい世界に向かう「冒険」の意味を、へのことだまは持っています。

縄文時代の男性の冒険の目的は、恋人探しでした。その風習は、日本神話のスサノオやオオクニヌシの物語に残っています。恋人を探す冒険を通し、人は成長してきたのです。

### 表の働き 意外な展開をもたらす

人が思ってもみない発想や行動をし、意外な展開を与える力があります。「へーっ」と驚かれたり感心されるような大胆な行動で、発展・成長させる働きもあります。

### 裏の働き 失敗を恐れ引きこもる

えの裏の働きと同じで、否定的になることも。「これぐらいでいいや」と現状で満足してしまったり、新しいことで失敗するのは嫌だと引きこもってしまったりすると、成長できません。

### 使命 チャレンジする使命 今、求められる存在

「縁《へり》＝境界線」から出てチャレンジすることが使命。無理だと諦めず、新しい勉強や仕事に挑戦しましょう。冒険を通して成長してみせることで、へのことだまの働きを人に思い出させることも役割。引きこもりの問題を抱える今は、への人の力が求められている時代です。

**への人に出会ったときは**

「チャレンジしましょう」というメッセージ。新たな冒険は、自分自身を成長させてくれます。

# への名言

なんの浮世は三文五厘よ。ぶん、と屁の鳴るほどやってみよ。

――坂本龍馬（幕末の志士）

**ことだま先生コメント**

へは「縁《へり》」（境界線）のこと。人は境界線から冒険の旅に出ます。へは「こうへい」「しんぺい」など男性に多い名前です。冒険が男性を成長させます。

こたろう VOICE

ご安心ください。へは「屁」ではありません！（笑）。へは「辺」「縁」。どちらも「境界線」を示しています。慣れ親しんだ地から飛び出し、境界線から一歩踏み出すこと、つまりは「冒険」です。

幕末の革命家・坂本龍馬も28歳のときに全てを捨て脱藩したことから冒険が幕を開けています。脱藩は見つかれば死罪もある。それでも龍馬は決断し、こう言って出かけたと伝わっています。

**「桜を見にいく」**

龍馬が見たかった桜とは未来の日本！冒頭の名言「たかが人生びびらず、ぶんと屁の出るほど思い切り生きてみろよ」は、へが象徴する、龍馬の冒険心を表した名言だったわけです。へは「屁」じゃないから安心してね（笑）。

**への人へのメッセージ**

恐れを見たら動けない。希望を見たら飛び込める。

# ほ

穂【ho】

意味

小から大を生む
帆掛け船
安心

使命

一粒万倍の人

横線は左の縦線より少し下げる
結びは浮かせて

memo

## 小さく見えて大きな可能性

一粒万倍《いちりゅうまんばい》とは、一粒の籾《もみ》が万倍にも実る稲穂《いなほ》になるという意味です。暦の一粒万倍日は、この日に何か始めると良い日として大事にされています。

昔は人力で漕いでいた船も、小さな帆《ほ》がつくことで世界の海原に出ていくことができました。

ほのことだまは、小さく見えて、大きな可能性があることを表しているのです。

### 表の働き　ほっとさせる

安心・安定させる働きが強くあり、相手を「ほっ」とさせることができます。また、一粒の籾から多くの穂が実るように、次世代を担う人材を時間をかけて育てる力があります。

### 裏の働き　不安にさせる

「ほっとさせる」の裏の働きで、相手を不安にさせてしまうことも。また、鋭い穂先《ほさき》で相手を攻撃する働きもあります。心にゆとりのないときは、自分の言動には十分注意しましょう。

### 使命　可能性と安心を与える小さな兆しを大切に

大きな可能性と安心感を与えるのが、ほの人の役割です。一見、小さく見えても、内に秘めたものが大きく発展する可能性を持っているのがほの人です。ささいなことやちょっとした兆しを大事にすることで、大きな恵みになり、「ほっ」とすることができます。

### ほの人に出会ったときは

「兆しがありますよ」というメッセージ。身の周りに、小さく見えて大きな可能性があることを教えています。

# ほの名言

実るほど
こうべを垂るる
稲穂(ほ)かな

――日本のことわざ

**ことだま先生コメント**

小さな稲穂の一粒の種が万倍になります。あなたの発信したものはまずは小さな「穂」として実ります。小さな穂は次の年の大きな稲穂の実りになるのです。

こたろう VOICE

頭を垂れた稲が風にゆれる、美しい黄金の波、稲穂。まさに「豊葦原瑞穂国《とよあしはらのみずほのくに》」という名にふさわしい日本の秋の田園風景。

この名は、古代日本人が自分の国につけた名前で「豊かな水と田んぼの恵みがたくさんある国」という意味です。**日本人はこの黄金の波に育まれてきたのです。**

(ほ)のことだまが象徴するのは、「穂」です。実るほど頭を垂れるから、その謙虚な姿勢から、周りから恩恵が流れ込んできます。相手を「ほっとさせる」安心感がありながら、一粒の籾が万倍にもなる「炎《ほ》」(情熱)を秘めている。そんな(ほ)のことだまこそ、まさに僕ら日本人が目指す生き方じゃないでしょうか。自分の内側には(ほ)(炎)を燃やし、外側は、ほのぼの、ほかほか、ほがらかに!

(ほ)の人へのメッセージ

**目は高く、頭は低く、心は広く。**

# 出会いはメッセージ。出会う人の名前で自分の状況を知る方法

## 出会いはメッセージです。

自分の名前からは使命、つまり人のためにできることがわかります。そうすると、相手の名前からは何がわかるでしょうか？

実は相手の名前は自分に必要なメッセージを教えています。出会いがあなたの「時期」と「状況」を教えてくれるのです。人の名前は、自分へのメッセージなのです。

これは「名前のことだま」を学んだ方が実践している楽しいツールの一つです。私も結構使っていますが、とても重宝しています。

出会いが教えてくれるメッセージは3種類あります。

**①出会い編（名前から見るメッセージ）**

**②恋人・伴侶編（サポートと身につけるべきことだま）**

**③子ども編（先祖からのメッセージ）**

①出会い編は、その日出会った人からメッセージを読みます。出会う相手は基本的に誰でも良く、タクシーの運転手、バスの運転手、受付の女性など、名前がわかれば誰でもいいのです。もちろん知り合いでもけっこうです。たとえば、こんな感じで使います。

講座の会場に行くときに乗ったタクシーの運転手が「まさし」さんでした。こんなときは㋮のことだまの持つ「評価、OK」です。今回の講座は「OKサイン」が出ていると見ます。また、受付の女性のネームプレートを見ると「せいこ」さん。この場合はせのことだまが持つ「瀬、勢」の意味で、「流れに乗っているので努力以上に結果が出ます」と見るのです。

さらに深いメッセージを教えてくれるのは、②恋人・伴侶です。この場合は単なるメッセージでなく、「あなた自身がそのことだまを身につけなさい」というメッセージです。私の奥さんは「ゆき」ですが、この場合はゆのことだまの「湯、結い」で「癒やし」が必要なこと、そして一人でやるのでなく「一緒に助け合う」ことを、これから二人の生活の中で身につけましょうというメッセージです。私は「ひろし」でひの持つ「一人でやる力」が強いので、自分を補うゆを伴侶が与えてくれるのです。ただし、仲が良いという条件がつきますが（笑）。

③子どもの名前も実はメッセージなのです。親が自分で命名しても、そこには名前をつけた親に対しての、先祖からのメッセージが含まれているのです。最近、多い「ら行」の名前「れん」「りん」などは、ら行の意味する「変わりなさい」「今までのやり方、考え方を変えて、新しい時代を迎えなさい」というメッセージなのです。

出会った人の名前は今の状況を教えてくれますが、恋人・伴侶の名前、子どもの名前にもまた深いメッセージがあります。人々の名前が、あなたに必要なメッセージを教えてくれているのです。

# ま行

# 評価のことだま

人を価値あるもの
として
「認める」ことの
大切さを
教えています。
評価されることで、
人は力を出すことが
できます。
自己評価と他者評価の
どちらも必要です。

# ま

真【ma】

**意味**

真善美
認める
OKを出す

**使命**

認める人

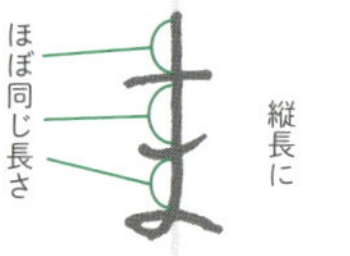


memo

ことだま先生 Lesson

## 真善美を大切にし しなやかに生きていく

まは、「真《ま》」を意味し、評価や価値を表すことだま。日本人の理想である「真善美《しんぜんび》」に強く関わっています。〈真〉必要な真実を知ること、〈善〉それを行動に移すこと、〈美〉行動した後の美しい姿。このように解釈してみると、人の成長に必要な3つの流れを教えているとわかります。まのことだま＝真善美を大切にすると、人はしなやかに生きていけるのです。

### 表の働き 相手のいいところを認める

相手のいいところを真正面《ましょうめん》から受け止めて、認め、承認する強い力があります。また、人に必要な真理・真実を伝えることができ、行動や考えにOKサインを出して、後押しする働きがあります。

### 裏の働き 魔が差す

価値観がゆらぎ、選択できずに迷《まよ》うことも。また、魔《ま》が差すと、相手を認めず否定してしまいます。認めるという強い表の働きがあると、裏の働きも他の人より強くなるので、注意しましょう。

### 使命 原石を見出し エールを送る人

まの人は、原石から宝石の輝きを見出せる人。人にエールを送り、応援する使命を持っています。人の本質を見抜く役割のため、自分の価値観をしっかり持ち、知識や情報を豊富に持っておく必要があります。いろいろなことに興味や好奇心を持つのもまの人の特徴です。

**まの人に出会ったときは**

「そのままでいいよ」「OK」というメッセージ。自信を持って、自分らしくいきましょう。

## まの名言

あなたが今日まで歩いてたこの道
まちがいはないから
春には大きな君が花になれ

――コブクロ「YELL～エール～」小渕健太郎（作詞）

### ことだま先生コメント

まは「真」「認める」。認めてもらうと力が出て自信になります。自信があるから行動するのではなく、行動した結果で自信が生まれてくるのです。

### こたろうVOICE

まのことだまは「真」「認める」。あなたはこの方向で「間違いないよ」「頑張ってきたね」「OKだよ」と、認めてあげる働きです。まさに名言のコブクロの歌詞そのもので、「あなたが来た道に間違いはない」というエールを送ることだまがまです。

**大丈夫。桜はちゃんと春になれば花を咲かせるし、ひまわりは夏になればちゃんと花を咲かせます。**あなたもそのときがくれば、ちゃんと花を咲かせます。

あなた自身、「まよう」時期もあると思いますが、それも大切な時間です。迷い、葛藤を経て、あなたの中の確固とした「真理」と出会うのです。だから大丈夫。あなたの「まなざし」は「まっすぐ」真理をとらえます。

### まの人へのメッセージ

スケジュールにまを空けて、ゆったりする時間を大切に。真理はゆとりの中にやってくるよ。

# み

水【mizu】

**意味**

磨く
実る
禊

**使命**

磨く人

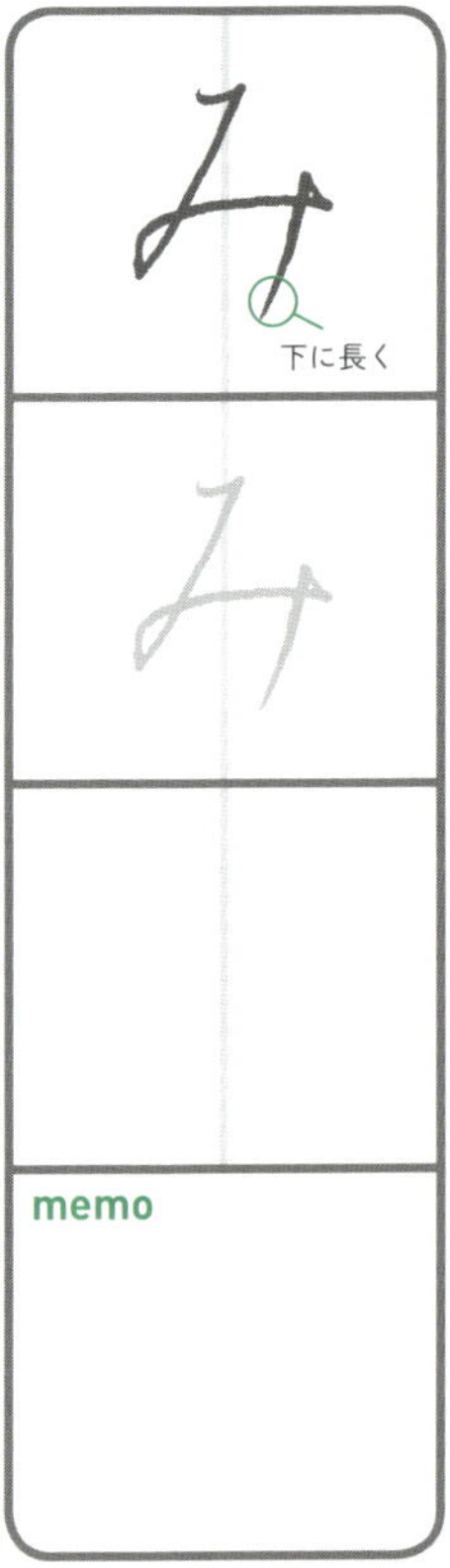


memo

ことだま先生
Lesson

## 原石を輝かせるための3つのプロセス

みには磨《みが》くという意味があり、輝くまでの3つのプロセスを表しています。それは①見《み》る②見抜《みぬ》く③磨くこと。個性の原石を見出し、輝かせることを表します。

磨くために、古代の日本人は「水《みず》」を使ってきました。その水は、汚れを洗い流し、身を清める「禊《みそぎ》」にも使われます。みのことだまは、浄化する水も表しています。

### 表の働き 人を輝かせる

原石を磨いて宝石の輝きを与えるように、人を輝かせる働きがあります。これは、人を育てる力でもあります。また、水拭きや水洗いのように、体だけでなく心も洗い流して清める働きもあります。

### 裏の働き 動かないと腐る

水たまりのように動かないと、腐ったり淀んだりすることもあります。また、水が勢いを増すと濁流や洪水になるように、周りのものごとを壊してしまうことも。清流を保つよう心がけましょう。

### 使命 流れる水のように留まらず、動き続ける

みの人は、「水」の働きで、個性の原石を育み磨く使命があります。

水で植物が育ち、実《み》がつくように、人の才能や能力を見出し、育み、それを磨き、光輝かせます。留まらず、動き続ける水のように変幻自在に、相手に合わせて豊かに育てます。

**みの人に出会ったときは**

「輝く時期ですよ」というメッセージ。自分の中の才能やアイデアを磨けば、輝きが増すときです。

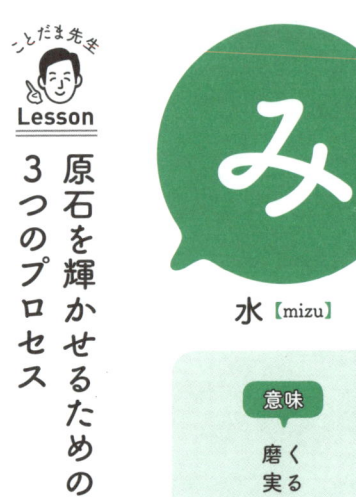

## みの名言

いつも自分を磨《みが》いておけ。あなたは世界を見るための窓なのだ。

——バーナード・ショー（アイルランドの文学者）

**ことだま先生コメント**

みは「磨く」。玉は磨いて美しく光ります。あなたの中の魂を磨いて光輝かせましょう。苦難も試練もあなたの魂を磨くものと思うことが大事です。

**こたろうVOICE**

「水清ければ月宿る」ということわざがあります。清く澄んだ水には、月がくっきり映る。**澄んだ心には神仏のご加護がある、**ということわざです。

みのことだまは「磨《みが》く」。三種の神器も、鏡、勾玉《まがたま》、剣と全て磨かれるものです。そして磨くために日本人は「水《みず》」を使ってきました。み（水）の働きでモヤモヤを水に流し、心を清々しく磨いてきたのです。

風水的に見ても、水回りを大事にすることは基本です。事件が起きる現場は、お風呂、キッチン、トイレと水回りが汚れているところばかりなのだとか。水が澱んでいるところは、心も澱むのです。だから日本人はお風呂好き、温泉好きなのです。とりあえずお風呂入ろうか。

**みの人へのメッセージ**

困難、逆風、試練は、あなたの心の窓をピカピカに磨く砥石です！

# む

結【musu-bu】

**意味**

統合
付加価値をつける
第六感

**使命**

結ぶ人

む

浮かせて

む

memo

ことだま先生 Lesson

## 違うものを結びつけ新しい価値を生み出す

「結《むす》ぶ」とは、異なる二つのものを一緒にした「和」のこと。米を水で蒸《む》すとお酒になるように、異なるものが合わさるとき、新たな価値が生まれます。

むのことだまは、そんな日本的な思考・価値観を表しています。

日本的な思考は統合が得意で、西洋的な思考は分析向きです。令和の時代は、西洋の良さと日本の良さを結ぶ時代になっていきます。

### 表の働き　組み合わせて生み出す

もともとあるものに付加価値をつける働きを持ちます。また、異なる二つのものを結びつけることで、新たな可能性を切り開く力があります。「六《む》」のことだまの働きから、第六感が冴えています。

### 裏の働き　未熟なまま終わる

完成を表す「七」に対し、「六」はその一歩手前であるように、実を結ばないまま終わってしまうことも。未熟なままで終わらないように、表の「結ぶ」働きを思い出しましょう。

### 使命　人との関係を築き新しいものを生み出す

むの人は、新しい価値を生み出すのが使命です。私たちは、「AかBか」と、どちらかを選ぶことをしがち。優劣をつけたり、片方を捨てるという考えではなく、両方とも大事と考え、二つのものの良さを活かす考えを忘れなければ、力を発揮できるでしょう。

**むの人に出会ったときは**

新しい価値を生み出すときです。片方を否定するのではなく、「結ぶ」というキーワードを忘れないでください。

## むの名言

糸を繋げることもムスビ
人を繋げることもムスビ
時間が流れることもムスビ
神様の力や

——映画『君の名は。』より

### ことだま先生コメント

名言にある「ムスビ」は日本の文化です。人も「むすばれて」新しい命が生まれるのです。その命を「むすこ」「むすめ」と呼んだ日本人の感性には驚きです。

### VOICE《こたろう》

この10年、僕のイベントにときどき顔を出してくれる方がいました。彼女はいつも恋人が欲しいと言っていて、でもパートナーが現れなかった。そんなある日、彼女が超イケメンの男性と一緒に参加。なんと結婚したそうで、彼女はこう言いました。「今までいい人と出会えなくてよかった。おかげで彼と結婚できた」。10年間、素敵な恋人ができなかったことは、実は運がよかったわけです。

むは「結び」。違うものを結び合わせ新しい価値を生み出す働きです。結びは名言にあるように、神様の力であり天の采配です。準備ができたとき、一番いいタイミングでむすんでくれます。**やること全部やったら、あとは宇宙におまかせでだいじょーぶです！**

### むの人へのメッセージ

「ムムム」と第六感が働いたものは全部やる。すると最後は神様が丸く結んでくれるよ。

# め

芽【me】

**意味**

愛でる
見守る
女

**使命**

愛する人

め

小さく書く文字

払う

め

memo

ことだま先生 Lesson

## 見抜いて見守り見届ける愛

めは、愛を表すことだまです。

やまとことばの愛は、キリスト教や仏教の伝える愛とは少し違います。日本では見ることを「愛《め》でる」と言います。人やものの本質を見抜いて、見守って、見届ける。この3つのプロセスが、日本的な愛の形です。そして「むすめ」「おとめ」と言うように、日本では古くから、女性の中に愛を見出してきたのです。

表の働き

### 大きく花開かせる

芽《め》を大きく育てて大輪の花を咲かせるように、相手の中の小さな可能性を、大きく育てる働きがあります。とくに女性に強いのは、長い目《め》で見て、人が持っている本来の価値を発揮させる力です。

裏の働き

### 無関心になる

母音のえの裏の働きで、本来持っている価値を否定すると、芽を摘んでしまいます。興味を持って見ることの裏の働きは、無関心になること。可能性を消さないように、よく見ることを忘れないで。

使命

### 日本的な愛を実践し愛し愛される存在

めの人は、愛し、愛される存在。日本的な愛を実践するのが使命です。好きな人ができたら、その人のことをよく見ましょう。欠点があっても見守り、見届けて受けいれることで、ことだまの働きはより強くなり、大きな可能性を生み出すでしょう。

**めの人に出会ったときは**

「よく見ましょう」というメッセージ。周りの人をよく知れば、大事な人の存在に気づけるでしょう。

## めの名言

# あなたの目は、こっそりと私の心を盗む。

め

――モリエール（フランスの劇作家）

### ことだま先生コメント

「愛する」ことは「見る」ことです。好きなものは良く見て、知りたくなる。そして最後に一つになりたくなる。日本人の愛は「見る」から始まるのです。

### めの人へのメッセージ

**黙ってそばにいて欲しい人もいれば、放っておいて欲しい人もいる。見るしかないんです。**

### VOICE《こたろう》

友人のご主人はなぜか犬や猫にモテるのだとか。犬や猫が寄ってきて、おなかを出してゴロンとする。どういうわけか彼が育てると、どの鉢植えも元気になる。以前、彼女が水やりをしているとき、彼はこう言った。

「お水をあげる前に一つずつよく見てね。ちゃんと観察してからあげないとダメ。よ〜く見て、どのくらい水をあげるか考えて」。自分が水をあげたいからあげるのではなく、いつどのくらい必要なのかを見て感じた上であげる。よく見ることが「愛でる」であり、**愛するとは、見抜き・見守り・見届けること。**これが愛でるの三段活用です。

短期的に見て結果を求めるのではなく、長期的に見てあげることも大事です。

# も

元【moto】

**意味**

大本
土台
母性

**使命**

母なる人

縦長に

上の横線に向けて払う

memo

ことだま先生 Lesson

## 日本文化を育んだ大事な土台

**も**は、日本文化の礎となったことだまです。まず、大本《おおもと》や家元《いえもと》など、大事な土台を意味します。

母という字も**も**と読みます。「母なる大地」と言うように、日本には母子文化があり、「母校」、「母国」など、母のつく言葉がたくさんあります。そして、日本神話の最高の神は、天照《あまてらす》大神《おおみかみ》という女神です。日本では母を土台にして文化が育まれたのです。

### 表の働き 土台となり花を咲かせる

日本神話には、最初は弱い男神を比売《ひめ》神《がみ》が立派に成長させる話があるように、**も**は自分が土台となり、大きく成長させる働きを持ちます。安定した土台・基礎になり、可能性を花開かせる働きです。

### 裏の働き 放棄する

「育てる」働きの裏は、放棄すること。育てずにほったらかしてしまうこともあります。ときには育てる働きが強すぎて、過保護になってしまうことも。本来の意味を思い出しましょう。

### 使命 大きな心で人を育てる役割

**も**の人は、人を育てるのが使命。母性の特徴である「守る」「育む」「協調」を意識すると、力を発揮できます。とくに女性には、男性を導いて育てる役割も。たとえば定年後の男性は、役職を失った途端に気力も失いがち。家族や女性を「守る」役割を与えてあげましょう。

**もの人に出会ったときは**

男性なら「守ろう」、女性なら「育てよう」というメッセージ。いずれも、大切な人を見守ることです。

**もの名言**

やっている、姿を感謝で見守って、信頼せねば、人は実らず。

――山本五十六（海軍大将）

**ことだま先生コメント**

相手を信頼すること。そして手出しせずに見守るのが(も)の母性です。母屋（家庭）、母国、母校など、自分を受けいれ認めてくれる土台に感謝したいものです。

こたろう **VOICE**

(も)は母性であり育む力。上の山本五十六の名言こそ、育む世界観そのものです。

手塚治虫が小学生のとき、授業中に漫画を描いていたのが見つかったことがありました。お母さんが学校に呼び出されて怒られ、家に帰り聞きました。「学校から呼び出されたんだけど授業中に漫画を描いていたの？　どんな漫画を描いていたのか見せて」

終わりまで読んでお母さんが伝えたのがこの言葉です。

**「お母さんはあなたの漫画の世界で第一号のファンになりました。これからお母さんのために、面白い漫画をたくさん描いてください」**

見守り、信頼し、ファンになる。世界一のファンが天才を育むのです。

(も)の人へのメッセージ

**相手の世界一のファンになってまずはサインをもらおう。**

# 一緒に食事をすることで相手のことだまパワーもいただける

実は、自分の名前のことだま以外のことだまの働きを手に入れることができます。それは出会った相手と仲良くなることなのです。

**仲良くなった相手からは、相手の名前が持つことだまのパワーをいただくことができます。これはことだまの真髄でもあります。**

ではどうすれば、相手と仲良くなれるのか？　裏ワザがあるのです。

それは、一緒に食事をすることです。

人は「食べる」ことで力を補給します。そしてともに食べる人がいると、相手から力を得ることができるのです。実は、相手のことだまの力を受け取る貴重な時間が、食事の時間なのです。

例えば、こたろうさんと食事をし、仲良くなればこのことだまの「物質化する」「現実化する」という働きをもらえるわけです。

まず、食のことを理解するにはけのことだまを知ることです。「饌《け》」は食べ物のこと。神饌《しんせん》と言って、神様にお供えする食べ物のことを指します。御饌《みけ》とも称します。食べ物のときには「餉《け》」の漢字を使い、朝餉（朝の食事）、夕餉（夜の食事）と表現します。

日本神話では、食の大事さを大《おお》宜津比売《げつひめ》が教えています。お腹を空かせたスサノオに食事を提供した「食べ物の女神」です。この女神には食を表すけがついています。また、伊勢神宮の外宮に祭られる神様は豊受大神《とようけのおおかみ》です。この神様は天照大神に食事を提供します。ここにも豊受《とようけ》とけが使われています。

御饌《みけ》、大宜津《おおげつ》、豊受《とようけ》など漢字表記にするとわからなくなりますが、けを食べ物のことだまと理解すれば、これらの漢字が表すものは食べ物であることがすぐわかるのです。

食べることは「力の補給」、そして精神的つながりをもたらします。今は『孤独のグルメ』など「ひとり飯」をテーマにした番組も出てくる時代ですが、**食の本質は一緒に食べること、コミュニケーションにこそあるのです。**

一緒に食べることで仲間になれるのです。「同じ釜の飯を食べる」、「カンパニー（パンを一緒に食べる仲間のことが会社の語源）」の言葉は、ともに食べることの重要性を伝えています。

「食べる」ことは、とても精神的なものです。どんなにおいしい料理でも、嫌な人と一緒に食べると全然おいしく感じません。逆にあまりおいしくない料理でも、好きな人と食べると幸せな時間になります。**食事とは、相手のことだまと響き合う時間なのです。**子どもの頃の家族で囲む食卓は、そういった意味でとても大事です。

何事もバランスが必要ですので、じっくりと思索に耽りたい場合は、ひとりで食べる「個食」も必要ですが、誰かと「一緒に食べる」時間も併せて持つことで、心豊かになれるのです。

また、レストランでは、相手と同じものを頼むと、より親しくなれます。ぜひ試してみてください。

一緒に食べる。それは心の成長をうながす、とても贅沢な時間です。

# や行

# 継続のことだま

日本では継続を表す
「八」のように、
続けることの大切さを
表すことだまです。
夢を叶えるためには、
末広がりに続け、
持続することが
大切だと
教えています。

# や

八【ya】

**意味**

末広がり
継続
矢

**使命**

続ける人

memo

## Lesson 末広がりに継続する文化

日本神話には、八百万《やおよろず》の神、大八洲《おおやしま》など、八《や》という数字がよく出てきます。末広がりという意味のほか、数字の8を横にすると無限大の意味が加わります。八を大事にする日本は、老舗が多い国。とくに、聖徳太子が四天王寺を建立するときに作られた「金剛組」は、世界最古の企業です。

やは、継続を大事にする日本文化を表しています。

### 表の働き 継続する力を与える

八には、成し遂げたものをさらに継続させる意味もあります。やのことだまは、継続する力を周りに与えることができます。また、仕事や作業を矢《や》のように速く進めるスピードもあります。

### 裏の働き 途中で挫折する

継続の反対で、ものごとを続けず途中で挫折したり、中途半端になってしまうこともあります。人の心を矢のように突き刺して傷つける働きもあるので、ゆとりのないときは言動に注意しましょう。

### 使命 一つのことを継続し尊敬される存在

やの人は、一つのことを続けることが使命です。ライフワークなど、一生続けられるものを持っていると、活き活きできます。「継続は力なり」と言うように、地道に続けられるやの人は、人の尊敬を集めます。続けることの大切さを人にも伝えていきましょう。

**やの人に出会ったときは**

「続けましょう」というメッセージ。人生を捧げられるようなライフワークを見つけましょう。

# やの名言

偉業は一時的な衝動でなされるものではなく、小さなことの積み重ねによって成し遂げられるのだ。

——フィンセント・ファン・ゴッホ（オランダの画家）

### ことだま先生コメント

「7」日間で世界が完成したのが西洋文化。日本文化で大事なのは「8」の「継続・継承」です。「継続は力」を実践しましょう。

こたろう VOICE

や（八）は続けることの大切さを伝えることだまです。日本には、100年以上歴史のある会社が3万社以上もあるそうですが、500年近く続いているのが羊羹の虎屋。500年続いた秘訣を黒川光博社長は、変えるものと変えてはいけないものをハッキリさせてきたことにあると言っています。で、変えてはいけないものは味だと思いきや、味は変えていくとか。味覚は変化するからです。では変えてはいけないものは何か？**「お客様への感謝の心」だそう。**

やは「矢」ですから、矢継ぎ早に改善を続け、でも、感謝の気持ちは変えずに受け継いでいく。これが老舗の法則、継続の秘訣なのです。怠ることなく、たゆまなく続けていくことです。

### やの人へのメッセージ

**恋愛が長く続く秘訣のトップ回答も「感謝の気持ちを忘れない」でした。感謝忘れてない？**

# ゆ

湯【yu】

**意味**

癒やす
結い
遊び

**使命**

結いの人

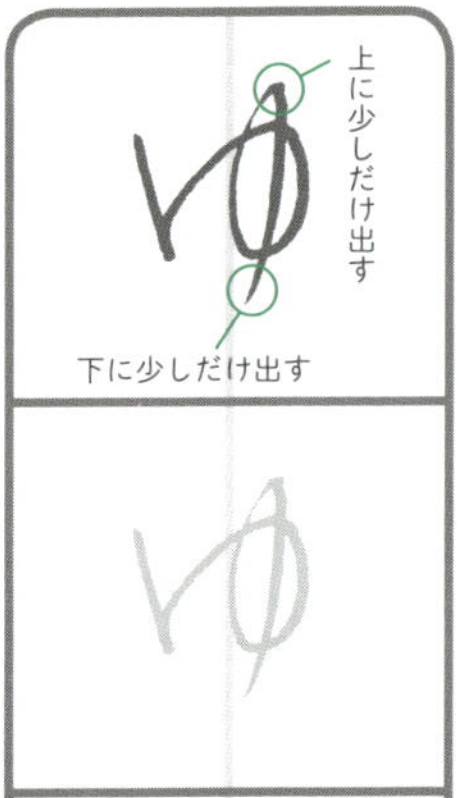


memo

ことだま先生 Lesson

## 癒やし、助け合うこと

ゆは名前にも多く、日本人が好む音の一つ。温泉の湯《ゆ》を意味し、ゆったりと癒やすことを表します。

また、村で助け合って共同作業をすることを「結《ゆ》い」と言います。男女が一緒になるのを「結婚」、約束をするのを「結納《ゆいのう》」と呼びます。

一人ではなく、二人以上で助け合うことの大事さを伝えることだまが、ゆなのです。

### 表の働き 人を元気にする

温泉が疲れた体を癒やすように、人を元気にします。ゆとりを持った人が助け合ってものごとを成します。一人でやるのではなく、助け合って行う「結い」が日本文化です。

### 裏の働き 傷つける

弓《ゆみ》のように相手の弱いところを突いて傷つけることもあります。ゆっくりとストレスを溜める傾向もあるので、火山のように爆発しないようにしましょう。助け合わなくなることもあります。

### 使命 能力を発信し人の役に立つ

人を元気にできるゆの人は、癒やすことが使命。お気に入りの温泉のような、自分にとっての癒やしの源を見つけておけば、より力を発揮できます。それにより、たくさんの人の癒やしとなり、その人の治癒能力を回復させる手助けができるでしょう。

**ゆの人に出会ったときは**

「癒やしが必要なとき」と「そろそろ活動するとき」の二つの意味があるので、見極めて助け合いましょう。

## ゆの名言

ただすっぱだかになって
ゆったりと手足をのばし
湯の中に
身をまかせればいい
なにもかも
みんな忘れて
ただほっと
すればいい

――相田みつを（書家・詩人）

**ことだま先生コメント**

「湯」はなぜ人を癒やせるのでしょうか？　それは「湯」が水と火という違うものの結びでできているから。水で清め、火で祓う、その力を「湯」は持っています。

**こたろう VOICE**

**「嫌なことはお風呂に入って、パアーッと洗い流しちゃいなさい。風呂は命の洗濯よ」。**アニメ『新世紀エヴァンゲリオン』の中の葛城ミサトのセリフですが、「湯」こそ、まさに命の洗濯になります。

ゆは癒やしの「湯」。「湯」にゆっくりゆったりゆるゆる浸かり、ゆるむ生活をすることで、ことだまの「表の働き」が出てきます。普段から、ゆっくりお風呂に浸かり、ときどき温泉に行き、体のこわばりを優しくほどいていくことは大事なのです。

自然の音色で心を浄化させ、水で体を禊ぎ、湯で体をゆるめてきたのが日本人です。またお風呂で汗を流すことはストレスのデトックスにもなります。

心を整えたかったらまず体からです。

**ゆの人へのメッセージ**

特にオススメは源泉掛け流しの温泉。体が地球のマグマのエネルギーで充電されます。

よ

四【yo】

意味

喜び
安定
叶える

使命

喜びの人

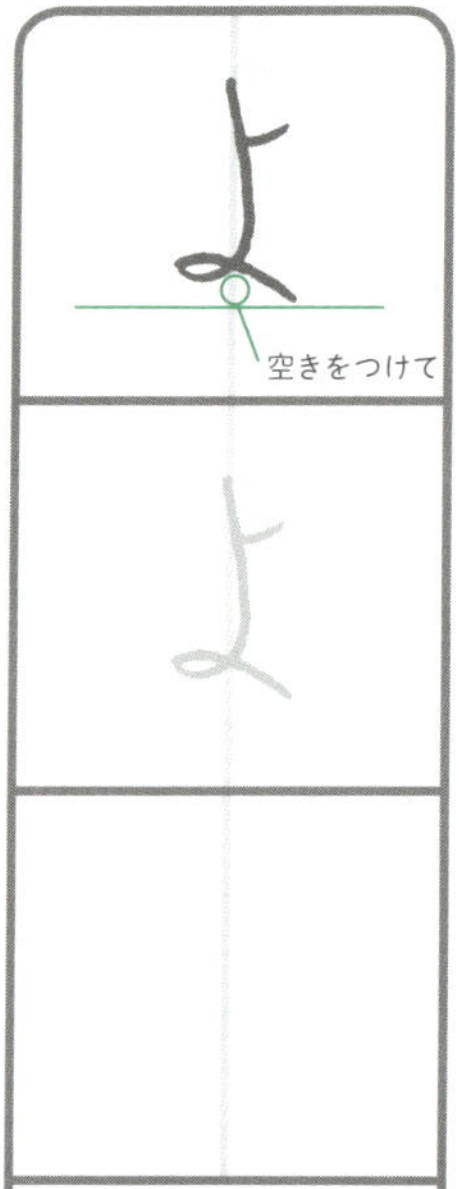


memo

ことだま先生
Lesson

## 人の暮らしを豊かにする 四つ目の要素「喜び」

日本の数字の読み方「ひふみよ」は（一）《ひ》ひらいて（二）《ふ》ふみ出して（三）《み》みたして（四）《よ》よろこびを感じるという流れを表しています。

人の暮らしは、衣食住という三つの最低限の要素だけではなく、生きがいなど四つ目の要素が加わることで、喜びが生まれ、豊かになります。

よは、文明生活で必要な「喜び」の要素を表しているのです。

### 表の働き 安定させる

椅子や机の脚は四本であるように、「四」には安定させる働きがあります。また、衣食住という最低限の要素に加え、四つ目の要素である「夢」を叶える力を与えることもできます。

### 裏の働き 邪な思いになる

自分の根幹となるものを持っていないと、安定の裏の不安定になってしまいます。邪《よこしま》な思いが入り、ネガティブになってしまうことも。それだと人の心を不安定にさせてしまいます。

### 使命 プラス1を意識し 喜びの大切さを伝える

よの人は、喜びを与える人。キーワードは「プラス1」。喜びを加えるよう意識すれば、力を発揮します。最低限の「衣食住」も、発展させれば洋服デザイナー、調理師、建築家など、仕事という四つ目の要素になります。人生には喜びが大切なことを伝えるのが使命です。

**よの人に出会ったときは**

「喜びの対象を持っていますか？」というメッセージ。仕事でも趣味でも、打ち込めるものを見つけましょう。

## よの名言

歓び《よろこ》は
自然を動かす
強いバネ、
歓びこそは
大宇宙の時計仕掛けの
車を回すもの

――フリードリヒ・フォン・シラー（ドイツの詩人）『歓びを歌う』

### ことだま先生コメント

喜びは「4」から出てきます。「3」＋「1」が喜び。衣食住の3つを満たして、あなたの「強いバネ」となる喜びの1をプラスしてみましょう。

### VOICE《こたろう》

「毎朝4時に起きて5時には出勤してもらいます」と言われたら地獄だと感じる人もいますよね。実は僕がやらせてもらっている屋久島ツアーは5日間、毎朝4時起きで5時に出発します。でも、誰も文句を言わない。どんなに眠くてもワクワク飛び起きちゃう。なぜなら屋久島では朝4時に宿の玄関を開けると満天の星が輝いていて、5時から6時にかけて空が藍色、オレンジ、紫、ピンクと毎日彩りを変え染まり、さらに朝日と一緒に虹が出たりする。ゴッホの絵が空一面に広がるような感動があるから朝4時に喜びの中で起きられるんです。喜びに関してドストエフスキーはこう言っています。

**「それにしても喜びと幸福はなんと人を美しくするものだろう！」**

### よの人へのメッセージ

喜びが人を美しくし
哀しみがその美しさに
奥行きを与えてくれます。

# 国歌「君が代」のことだま的解釈

私の奥さんとカラオケに行ったときのことです。

私の奥さんは洋楽が好きなので、ほとんどそれらをリクエストして歌っていました。その中でふいに「君が代」を歌い出したのです。カラオケに「君が代」があることが面白かったですね。

「君が代」は1分たらずの曲ですが、映像で流れる歌詞を見ていると感動してきました。

**君が代は**
**千代に八千代に**
**さざれ石の**
**巌《いわお》となりて**
**苔のむすまで**

君が代の「君」は君主、天皇陛下を指していると言われていますが、ことだまの解釈では「君（きみ）」は「男女」になります。

**き**は男を表し、**み**は女を表すからです。

古代では男女の名前を区別して付けていました。男の神様は「イザナギ」と末尾が**き**で男を表し、女の神様の「イザナミ」は末尾が**み**で女を表します。

現在でも子どもの命名にその名残があります。

かずき、まさき、ひろきなど語尾の**き**は多くの場合、男性につけます。

かずみ、まさみ、ひろみなど語尾の**み**は多くの場合、女性につけます。

男性の場合は「樹」「輝」「希」などの漢字をつけ、女性の場合は「美」「実」などの漢字をつけることが多いです。

きの場合は「木」を表します。そこには、男性に木のようにしっかりと立って欲しいという願いがありました。

みの場合は「水」を表します。女性には水のような豊かさ、柔らかさを願ったのです。

今はことだまの意味が曖昧になっているので、男性でもみ、女性でもきをつけますが、古《いにしえ》はきちんと区別していたわけですね。

ことだまの音の意味からは「きみ」は男女の意味になります。

男女の愛の歌が「君が代」なのです。

男女の二人の愛が時間をかけて、さざれ石のように小さな絆が、巌のように堅く結《むす》ばれていく。互いの違いを受け入れて助け合っていく状況を「苔のむすまで」と表現しています。

「君が代」は天皇賛美や軍国主義につながると、歌わない、歌わせない人たちもいますが、本来の意味を知ると、とてももったいないと思います。

二人の愛が永遠につながっていくこんな歌を国歌にしているって素敵ですね。アメリカ国歌やフランス国歌は戦いに勝利して平和を取り戻した勇ましい歌詞なのですが、「君が代」は二人の愛が続くことを願う平和の歌なのです。

歌詞を知ってみると、日本人が愛と平和を大事にした民族であることがわかります。

国歌のイメージだけで良い、悪いと決めるのではなく、歌詞の意味も知ってみると、違った「君が代」が見えてきます。

# ら行

# 改善のことだま

「くるくる」、
「からから」など、
動きをつけるために
使う「ら行」の音は、
回転や加速の働きを
持つことだま。
変革や
改善をすることの
大切さを
教えています。

# ら

天【ama】＋加速

**意味**

ひらめき
インスピレーション
変革

**使命**

強烈なひらめきの人

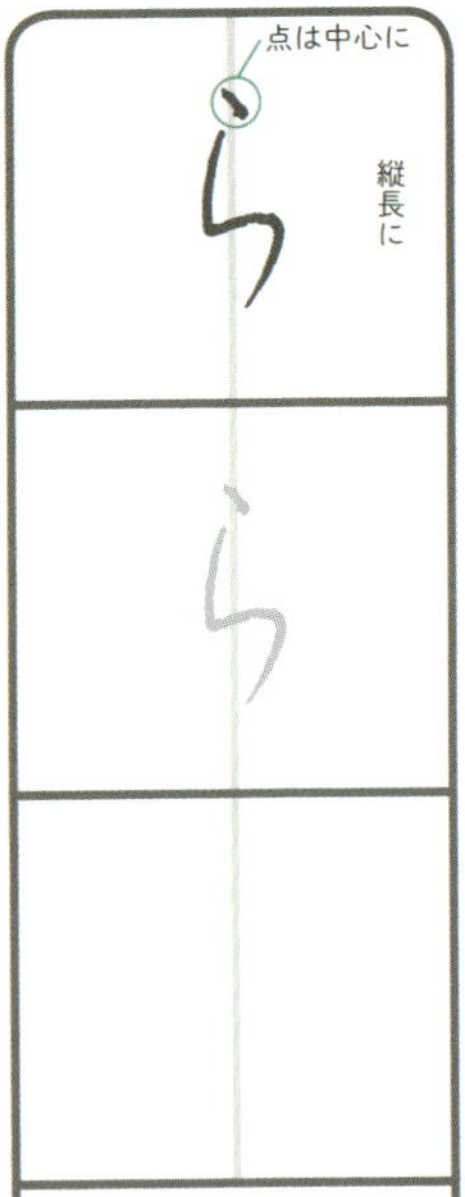


ことだま先生

Lesson

## 螺旋のように回転して加速する

やまとことばにはらで始まる言葉はなく、「さらさら」「はらはら」など、動きを表す音に使われました。そんならは、螺旋《らせん》のような回転や、素早い加速を表します。怪獣やヒーローの名前に使われることも多く、強烈な動きも意味します。また、外来語に多いらは、外国とのつながりを表すことだまです。母音のあの「ひらめき」の意味も持ちます。

表の働き

### アイデアがひらめく

らの回転・加速の働きに加えて、あの働きもあるため、「あっ！」と新しい兆しを感じ取り、変革や改善のアイデアが浮かぶ働きもあります。また、変化に素早く対応する力もあります。

裏の働き

### 空回りして転落する

強い回転の力を持つらは、裏の働きが出ると、空回りしたり、転落したりすることもあります。また、強いひらめきで周りを振り回してしまうこともあるので、注意しましょう。

使命

### 人々をサポートする変革の担い手

強いひらめきの力を持つらの人は、変革の担い手。インスピレーションを発揮して、多くの人の変革を加速させ、サポートするのが使命です。強烈な力を持つことを自覚すれば、地球を救うヒーローのように、人々から感謝される存在になるでしょう。

**らの人に出会ったときは**

「インスピレーションが降りてきますよ」というメッセージ。あなた自身も変わるときです。

## らの名言

# 君がヒーローになりなさい。

——ドグ・ホートン（アメリカのプロテスタント聖職者）

**ことだま先生コメント**

「みんなでやる」のが日本。「責任は私が持つ」と教えるのが西洋のヒーローです。目立つだけではなく、責任を持つヒーロー、ヒロインになりましょう。

**VOICE《こたろう》**

らのつく皆様、まずは悲しいお知らせ。ゴジラ、ガメラ、キングギドラ……。らは日本では強烈な動きをするものにつけられてきた歴史があり、怪獣によくつけられていたんです。でも、くじけてはいけない。ウルトラマン、ライディーン、仮面ライダー、ドラえもん。ヒーローにもらは多いのです。ラルフローレン、ラコステ、ランバン、ラフシモンズなど海外ブランドも圧倒的にらが多い。

ら＝「R」（加速）＋「A」（新しい）。らはあの働きも加わりますから、君こそ新しいヒーローなんだ。ちなみに、上の名言には続きがあります。「君がヒーローになりなさい。そのほうが映画のチケットを買うより安いから」（笑）。

**らの人へのメッセージ**

チームらのみんな胸をはって行こう。明日は君《ヒーロー》のためにある！ラララ♫

# り

命【inochi】＋加速

意味

理解
日本文化を伝える
リスペクト

使命

国際人

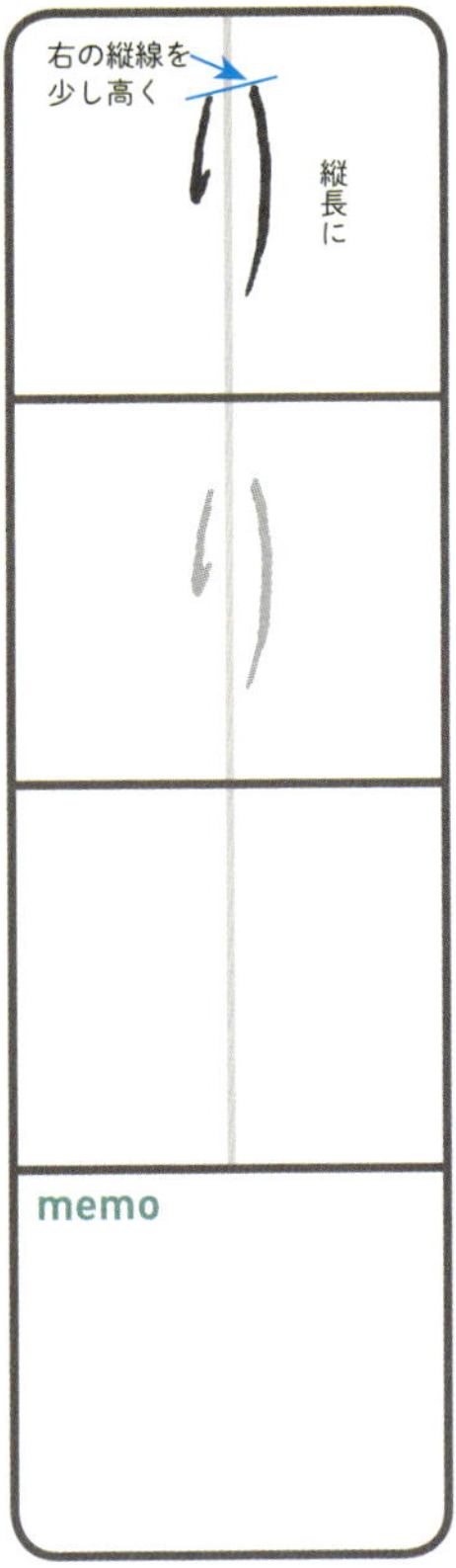


ことだま先生
Lesson

## 外国のエネルギーを表す国際的なことだま

外来語に多いりは、母音のいの「生命力」の意味に加え、外国のエネルギーを表し、外国とつながりが強いことだまです。

外国との縁の持ち方は、時代により変わります。20世紀までは外国から学ぶことでしたが、21世紀は日本の文化を発信すること。りは、東京オリンピックや大阪万博の開催を控える日本で今、必要とされていることだまです。

### 表の働き　変革を加速させる

「ら行」全体の働きとして、変革を加速させる力があります。アイデアを選択し、実際に行動するためのやる気を与えます。また、国際人として和を伝えるための強い理解力を持ちます。

### 裏の働き　エセ国際人になる

日本のことを伝えられないと国際人とは言えません。日本の文化や歴史に愛着を持ち、理解するようにしましょう。また、いの「祈り」の働きの裏で、強い力で相手を突き落とすこともあります。

### 使命　日本の歴史や文化を知り外国に発信する使命

国際人のりの人は、日本の歴史や文化、知恵を知り、世界に発信するのが使命。自然を愛する日本の精神やおもてなしの文化を、外国人に伝える役割です。日本の地方にも興味が注がれる令和の時代は、発信がさらに重視されます。ＩＴスキルや語学力を磨くと活躍できます。

**りの人に出会ったときは**

「日本のことを知りましょう」というメッセージ。あなたも世界に発信できる一人なのです。

## りの名言

日本は貧しい。しかし高貴だ。世界でどうしても生き残ってほしい民族をあげるとしたら、それは日本人だ。

――ポール・クローデル（フランスの詩人）

**ことだま先生コメント**

世界から多くのことを教わった日本です。今度はそのご恩を日本文化としてお返しする令和の時代です。そのために日本のことを知りましょう。

**VOICE**《こたろう》

ヨーロッパでは火薬を使った発破で鉱物資源の採掘を行っていました。しかし日本はそうしなかった。発破を日本に伝えたパンペリーは不思議がったといいます。なぜ使わなかったのか？

日本人にとっては自然こそ神であり、自然と共生する道を選んだからです。では日本人は火薬をどう使ったのか。

シュ〜〜バーン。たまや〜。みんなが楽しめる花火に使ったのです。

日本の心とは「粋か野暮か」。粋であることが生きる基準でした。

さて、「ら行」は海外とのご縁が深いのですが、りは和の文化を世界に伝えていくのがミッション。和の文化は自然との共生であり、こんな花火の話ができたら、リスペクトされちゃいますね。

**りの人へのメッセージ**

自国の文化を伝えられ、他国の人の悲しみをわかってあげられたら国際人（地球人）です。

# る

熟【u-reru】＋加速

**意味**

計画
プラン
変革

**使命**

最強のプランナー

小さめに書く文字
結びは中心を越えて卵形に

memo

ことだま先生 Lesson

## 変革を加速させ新しいものを生み出す

るは、「くるくる」「うるうる」「ゆるゆる」など、語尾について動きを表す音。「ら行」全体の特徴でもある変革や加速を表します。また、母音のうの「受けいれる」「熟成する」「生み出す」という、新しいものを作り出すための3つの手順も表しています。

そのためるは、変革を加速させることや、変革のプランを意味しています。

### 表の働き 変革のプランを立てる

変革のための綿密な計画を立て、すぐに実行できる働きがあります。幅広い視野で情報をキャッチし、必要かどうかを判断する力もあります。また、うのアウトプットの働きも併せ持ちます。

### 裏の働き 計画倒れになる

無計画にすぐさま動いてしまったり、計画倒れになってしまうことも。外からの情報をすぐキャッチできても、外に出さないと「うーっ」と引きずることもあるので、常にアウトプットしましょう。

### 使命 プランを整える役割 人々の良き支え手

視野の広いるの人は、計画を立て、プランを整えるのが使命。計画が立てられなくて行き当たりばったりの人生を送っている人の良き支え手になれます。お膳立てが得意で、周りに喜ばれる人。与えられた役割を苦労してもやり遂げることで、才能が磨かれます。

**るの人に出会ったときは**

「プランを立てていますか?」というメッセージ。夢に向かって、しっかり計画を立てましょう。

# るの名言

夢のある者には希望がある。
希望のある者には目標がある。
目標のある者には計画がある。
計画のある者には行動がある。

——吉田貞雄（評論家）

**ことだま先生コメント**

「ら行」は回転・加速のことだまです。るは変革の働きをさらに強め、早く実現するように計画を加速させます。

**VOICE《こたろう》**

計画《プラン》のないものには行動がないわけです。行動がなければ結局、人生は変わりません。そしてこの名言には続きがあります。「行動のある者には実績がある。実績のある者には反省がある。反省のある者には進歩がある。進歩のある者には夢がある」。終わりが螺旋を描いて始まりにつながっているあたりが日本人らしい。

るは変革へのプランナーです。そして、プランを練るときのポイントはこの5ステップ。①「我々のミッションは何か？」②「我々の顧客は誰か？」③「顧客にとっての価値は何か？」④「我々の成果は何か？」それらを考えた上で最後に⑤「我々の計画《プラン》は何か？」と練るのです（経営学者ピーター・ドラッカーの5つの質問）。

**るの人へのメッセージ**

プランとは、理想の「未来」から「現在」に時間を逆回転させることです。

# れ

枝【eda】＋加速

**意味**

発展
肯定
変革

**使命**

変える人

memo

Lesson

## 変革を加速し発展をうながす

れには「ら行」全体の「回転」や「加速」などの意味に加え、母音のえのことだまの「発展」や「成長」をうながすという意味もあります。つまりれのことだまは、「変革」や「改善」を表しています。

新しい元号は「令和《れいわ》」です。変革を表すれで始まる新しい時代は、働き方改革など「変えること」がキーワードになるでしょう。

### 表の働き 変革を素早く進める

れは、変革を素早く展開させる働きがあります。母音のえの肯定・発展の働きも併せ持つれは、二つの働きの相乗効果で、変革・改善のための計画を、急速に進める力がより強くなります。

### 裏の働き 頑なに変えない

変革の裏の働きは、頑なに変えなくなったり、分裂させてしまうこと。母音のえの「えーっ」と否定する裏の働きも、れではより強くなります。意固地にならないように気をつけましょう。

### 使命 本質を見抜き時代に合わせて変える

れの人の使命は変えること。ものごとの本質を見抜き、時代に合った新しいものへと変えていく役割です。やり方や考え方を変えてこそ、それまでの積み重ねが活きることもあります。受け継がれた知恵を肯定しながら、変革することの大切さを人に伝える役割もあります。

**れの人に出会ったときは**

「何かを変えるときです」というメッセージ。身の周りに、改善できることがあるかもしれません。

# れの名言

革命が好きだ。
昨日と違う
明日が好きだ。
僕しか知らない、
誰にも気づかれない
革命が好きだ。

——きつかわゆきお（メディア・プロデューサー）

**ことだま先生コメント**

れは変革のことだま。「令和（れいわ）」はまさしく変革の時代。時代は変わり、人の心が豊かに発展します。

**VOICE《こたろう》**

れは「変える人」。新しい「れいわ」の時代を迎えに行く革命（レボリューション）こそれのことだまです。上の名言のきつかわさんは、こんな名言も残しています。「新しいとは、どれだけ真剣に古いものを見つめ抜いたかだ」「新しさとは必ず何かの進化系」。未来のヒントは過去にあるのです。

古き叡智を知り、日本人が代々、何を大切にしてきたのかを理解する。その上で今、何を受けつぎアップグレードさせるのか、また何を変えていくべきなのかを見出し次代にバトンをつなげていく。僕らは、そこが問われているのです（そのためにこの本を書いたよ）。100年後の若者はきっとこう言うよ。**「令和維新って明治維新よりヤバいすね！」**

**れの人へのメッセージ**

**さあ、革命の本番だ。**

# ろ

尾【o】＋加速

**意味**

次のステージに上がる
螺旋
喜び

**使命**

無限の人

memo

ことだま先生 Lesson

## 無限に成長する喜びの螺旋

ろは、「ころころ」「じろじろ」「そろそろ」など、動きをつけるときに使われる音。「ら行」の「回転」「加速」「変革」、おの「終わる」「上がる」の意味を併せ持ち、それらが一緒になった、無限に成長していく螺旋の形を表しています。茶道、武道など、終わりのない道を、喜びとともに無限に歩いていくイメージを、ろのことだまは持っています。

### 表の働き 次のステージに行く

変革や改革の実現をうながし、次のステージに行く道筋をつける働きがあります。母音のおの働きのように「おーっ」と感動することを、次々に実現させていく力があります。

### 裏の働き 堂々巡りになる

上向きのエネルギーを持つはずの螺旋の裏の働きは、その場から動かず、堂々巡りで成長しないこと。おの裏の働きで、失敗が尾を引くこともあるので、喜びを忘れないよう注意しましょう。

### 使命 螺旋のエネルギーで喜びとともに次の段階へ

ろの人には、おの目標を実現させる力に、「ら行」の加速の力が加わります。そんなろの人の使命は、喜びを持って一区切りつけ、次の段階に上がる準備をすること。螺旋のように循環するすごいエネルギーで新陳代謝しながら成長する力は、今の時代に求められる力です。

**ろの人に出会ったときは**

「成長するとき」というメッセージ。喜びとともに、無限の螺旋のように上に向かって成長していきましょう。

## ろの名言

勇気とガッツが、
退屈な
日常の繰り返しを、
無限の可能性に満ちた
時間に
変えていく。

——安藤忠雄（建築家）

### ことだま先生コメント

ろの持つ上昇のエネルギーは、丸い輪を螺旋に変化させます。螺旋は無限の展開です。終わる（上がる）と喜びのエネルギーを出すのがろです。

### こたろう VOICE

ろは螺旋を描いて無限に成長していく働きです。

人の身長が3メートルにならないように、目に見えるものには成長の終わりがあります。しかし、目に見えないもの、心の世界には、無限に広がっていく奥行きがあります。その無限の扉を開くのが、「勇気」と「ガッツ」です。勇気は、心から見たい世界を描くことから生まれ、ガッツは、自分を信じることから生まれてきます。

瞳は半径1センチほどですが、でも、その瞳に何を映すかは自由に選べます。りんご一つかもしれないし、天空に無限に広がる天の川銀河だって、小さな瞳に映すことができます。**勇気とガッツで有限の人生に、無限を宿すことができるのが僕ら人間なのです。**

### ろの人へのメッセージ

本当はどう生きたい？
本当はどうしたい？
その思いをガッツポーズ
とともに宣言してみよう。

# 名前のことだまの活かし方

荒れた公立中学校を立て直し、7年間で13回も陸上部を日本一にした伝説のカリスマ体育教師、それが原田隆史さんです。普通の生徒たちをどんどん日本一へ導いたのです。

その秘密に関して、原田さんの26年の教育者人生の中で、これはノーベル賞的発見だというものがあるのだそうです。

**それは……。**

**大切にしたい、自分らしい「価値観」を見出すこと。**

まず、大切にしたい価値観をはっきりさせる。そのあとで、それにふさわしい目標を見出すと、初めて心からそれを成し遂げたいと思えるのだそうです。

とは言え、中学生にいきなり「価値観」と言ってもわかりません。ですから、原田先生は、辞書を持ってきて言葉指導から始めるそう。「輝いている」「エネルギーがある」「きらきらしている」「誠心誠意」など価値に値する言葉を200個ぐらい持ってきて、その語群から自分が大切にしたいものを選ばせることから始めるとか。まず、自分にとってしっくりくる価値観に気づかせてあげることが、日本一へ導くための最初の大きな一歩になるのです。

ちなみに原田先生が大切にしている価値観は3つ。「人を成功させる」「人にエネルギーを与える」「人をトップにする、ないしは僕がトップになる」だそうです。

**目標だけでは力は出ない。自分にしっかりくる志や価値観、その上に築いた目標こそ人を動かすということです。**

**目標（do）**

**価値観（be）**

**何を成すかは手段で、どんな人になりたいかのほうが本命なんです。そして、名前の中にこそ、実は、自分らしさを発揮させる最高の価値観が隠れているのです。**

原田隆史先生の名前「たかし」から使命をひもといてみましょう。

**た**は、自分の中にある可能性に気づかせて、それを活かしてあげる力です。**か**は見守る存在。祈る人。**し**は静める。問題解決する力。だから「たかし」という名前は、指導者に向いているし、人にエネルギーを与えたり、人をトップに導くという価値観と名前が一致しているわけです。

僕の場合も名前を活かしたスタイルで働いています。こたろう。**こ**のことだまは「現実化する働き」。**た**は「田」を意味します。田から生きる糧であるお米が収穫されるわけですが、一人で一生懸命やっても、天候に恵まれないと収穫を得ることができません。そこで他力が大事になるのが**た**です。つまり、**自分一人で何かしようせず、他の力を借りることが**たの**パワーをより活かしてくれるのです。**

ですから、僕は、読者さんや友だち、または尊敬する先生とともに一冊の本を生み出していくという共著のスタイルがとても多いんです。一人でやるよりも、仲間たちと力を合わせて作り上げることに、より楽しさを感じるのが**た**のことだまです。

どのようなスタイルで目標に向かっていくと自分らしく進めるのか、そのヒントが名前に隠れているのです。

# わ行

# 統合のことだま

50音の
最後の行である
わ行は、統合や調和。
最後にはまとまって
レベルアップすること
を表すことだまです。
今までの経験や体験が
すべて必要だったことを
教えています。

# わ

和【wa】

**意味**

足す
組み合わせる
創る

**使命**

和の人

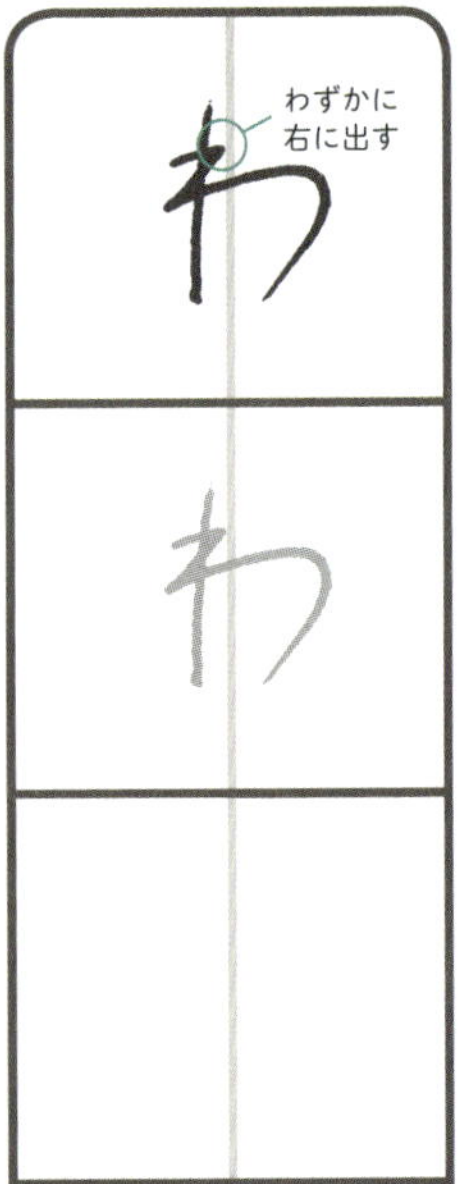


memo

ことだま先生 Lesson

## 違うものを組み合わせて新しいものを創る

50音の最後の行にあるわは、統合、調和《ちょうわ》、平和《へいわ》に至ることを表します。「和《わ》」は日本を意味するだけでなく、1足す2の「和」や料理の「和え物」など、違うものを組み合わせて新しいものを創る意味もあります。それを自然にできるのが日本人。日本古来と外来のものを組み合わせて、新しいものを創るのが和の本質です。わは、日本人が大切にしてきたことだまなのです。

### 表の働き 違いを認めわかり合う

お互いの違いを認め、わかり合う働きがあります。「友だちの輪《わ》」と言うように、わかり合い統合させて、まとめる働きもあります。螺旋状に循環して成長し続ける「環《わ》」を作る働きもあります。

### 裏の働き まとまらない

同じことをしない人を排除しようとし、まとまらないこともあります。また、「和」の良さをわかろうとせず、否定することも。表の働きの「わかり合う」ことを心がけましょう。

### 使命 平等に扱い調和させれば「わあーっ」と歓声が上がる

わの人の使命は、和の本質を伝えること。組み合わせて新しいものを生み出すためには、上下関係の出ない円卓のように、平等に調和させることが大事です。違いを認めてわかり合い、仲良くすれば、「わあーっ」という喜びの歓声が上がります。

**わの人に出会ったときは**

違うもの同士をまとめるときです。受けいれて組み合わせ、新しいものを生み出しましょう。

## わの名言

# 和《わ》を以《もっ》て貴《とうと》しとなす。

——聖徳太子（『十七条憲法』の第一条）

### ことだま先生コメント

最後はわで締めます。聖徳太子も知っていた和の素晴らしさ。今までのすべてを組み合わせて輪にします。輪になると全く新しいステージが始まるのです。

### VOICE《こたろう》

『古事記』を研究している加藤昌樹さんは、神話の中の日本の神様たちの言動を解読していく中でこう感じたそうです。

**「問題は解決するために起きているのではなく、話し合うために起きている」**

日本の神様たちは何かあるたびに集まり話し合っているのだそう。まず、感情の先にある「気持ち」を伝え合う。すると安心感が生まれ、さらに気持ちを開いていくと信頼感が生まれる。その先に愛おしさが生まれてくる。すると、多少欠点があってもゆるせるようになる。これが日本神話が伝えている和です。

問題は、キミとボクの和を結ぶために起きてくれていると考えるわけです。

日本の神々たちは、解決より、つながることがむしろ本命だったんです。

### わの人へのメッセージ

目的は「大」きな「和」になること。それが大和《やまと》の精神です。わかり合ってわらい合おう。

# を

緒【wo】

**意味**

終わる
上がる
良かった探し

**使命**

つなげる人

## 過去と未来をつなげ ものごとを導いていく

お母さんと赤ちゃんはへその緒《を》でつながっています。へその緒が切れると、この世に誕生します。終わると始まる50音の世界観は、最後の「を」の中にもきちんと残っているのです。

日本語では、単語と単語をつなげる助詞として使われる「を」は、つなげることを意味することだまです。各音はばらばらではなく、つながっていることを教えているのです。

### 表の働き 人と人をつなげる

「わ」行の特徴である調和と統合の働きがあり、接点のない人同士をつなげたり、協調性を保って集団をまとめる働きがあります。過去との関係を意識すると、より力が強まります。

### 裏の働き 最後の最後で失敗する

50音の最後の音である「ん」までつなげず、完成の一歩手前で失敗することもあります。そこまでの積み重ねを無駄にしないように、未来につなげることを意識しましょう。

### 使命 次のステージに向かう最後の調整役

「を」の人は、次の新たなステージに向かうための、最後の調整役。人と人をつなげたり、努力を結果につなげたりするのが役割です。キーワードは、母音の「お」の持つ「喜び」。さらに、日本の伝統や古来の知恵など、過去とのつながりも意識すると、より活躍できます。

**「を」の人に出会ったときは**

「つなげましょう」というメッセージ。人と人を、過去と未来を、つなげることで何かが見えてきます。

## をの名言

僕たちは宇宙と「呼吸」という
へその緒でつながっている

――ジャック・マイヨール（映画『グラン・ブルー』のモデルになったフリーダイバー）

### ことだま先生コメント

をはへその緒のこと。母体と赤ちゃんがつながっている証です。へその緒を切ると新しい世界が始まります。そしてまた、次の世代へとつながっていくのです。

### こたろう VOICE

をは「へその緒」。つながりを示すことだまです。ジャック・マイヨールは、人はお腹にいるときはお母さんとへその緒でつながっていて、生まれてからは呼吸を通して宇宙とつながっていると言いました。

僕らは呼吸を通して宇宙とつながり、体を通してご先祖様とつながっています。9世代前にさかのぼるだけでもご先祖様は1022人。2000年前までさかのぼればご先祖様は100兆人います。あなたの手、その足、その血、あなたの存在はこれだけの数の先祖たちから受け継がれてきたものなのです。100兆人、誰一人欠けてもいまのあなたはいない。つまり、あなたの体は100兆人の叡智のかたまりなんです。

### をの人へのメッセージ

自分を信じられないときは体を信じて大丈夫。キミの中には100兆人の知恵があるんだから。

# ん

完【kan】

**意味**

終わり
次の始まり
恩

**使命**

終わって上がる人

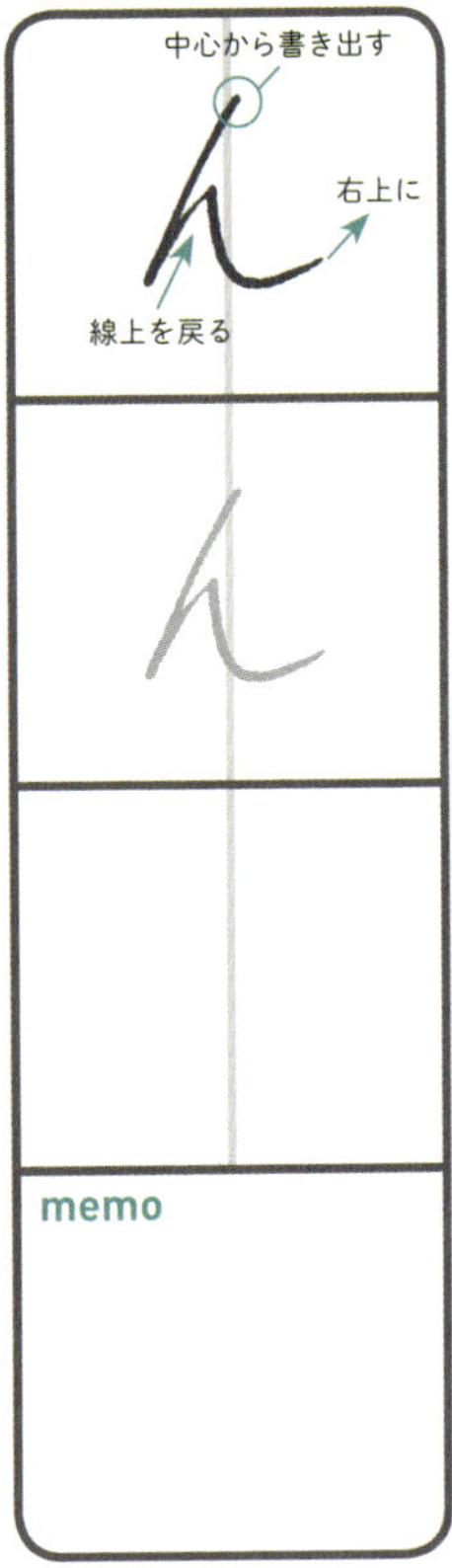


memo

ことだま先生

Lesson

## 完結することで全く新しい世界に

んは、もともとやまとことばになかった音で、むを背景に持っています。50音の最後の音なので、「最後」「完結《かんけつ》」という意味を持ちます。完結することで、全く新しい世界が始まることも意味しています。

んのことだまは、輪廻《りんね》のように新しい世界に生まれ変わることや、わくわくしながら無限《むげん》に変わっていくことを暗示しています。

### 表の働き　ステップアップする

50音を完結させることで、次の新しいあの準備をする働きがあります。つまり、ステップアップする力です。また、悪い流れを精算し、いいものだけを未来に引き継ぐ力もあります。

### 裏の働き　つながらず終わってしまう

ただ単に終わってしまい、次につながらないのが裏の働きです。また、変わることを拒否することもあります。未来につなげること、新しく始めることを忘れないようにしましょう。

### 使命　喜びで終わらせる使命　新しいステージの始まり

んの人には、ものごとを喜びで終わらせる使命があります。しりとりではんで終わる言葉でゲームが終わり、新しいしりとりを始めます。終わるときはみんなが笑っているはず。次の新たなステージを始めるためには、一緒にいる人と喜んで完結させることが大切なのです。

**んの人に出会ったときは**

「何かを終わらせるときですよ」というメッセージ。あなたにとって全く新しいステージが始まります。

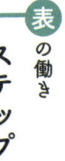

## んの名言

# 桜は散るが始まり

——轡《くつわ》田《だ》隆史（ジャーナリスト）

**ことだま先生コメント**

んはやまとことばにないことだま。むが変化してんになりました。最後の最後が「結び」だということです。結んで「終わる」と新しいステージが「始まり」ます。

こたろう VOICE

この名言には続きがあります。「桜は散った時が終わりではなくて、散った時に既に次のシーズン目指してスタートしている」

前書きでお伝えした「サの神」は「幸《さち》」を一枚一枚の桜の花びらに閉じ込めました。だから桜の花びらには幸せがギュッと詰まっていると日本人はとらえたのです。その幸せは桜が散ることで一斉に振りまかれます。みんなに幸せを届けるために桜はさっと散る必要があったのです。散ることは悪いことではなく、花びらは散ることで「地」（ち）と一つになります。日本人は、チカラの源泉を「地から」くるものと考えていました。だから「チカラ」は「地から」。んは次の始まりのチカラなのです。

**んの人へのメッセージ**

あなたの周りは笑顔になっているかな？さあ、新しい旅立ちのときです。

# 名前は祈り

毛里武

名前はその人のためだけに
用意された美しい祈り
若き日の父母が
子に込めた願い

幼きころ　毎日、毎日

数え切れないほどの
美しい祈りを授かった

祈りは身体の一部に変わり
その人となった

だから　心を込めて呼びかけたい
美しい祈りを

出典『親から子へ伝えたい17の詩』（双葉社）

# ことだまは音と人の思いの二つが結ばれたもの

ひすいこたろうさんのご協力を得て『名言なぞり書き 50音セラピー』を発行することができました。

名言なぞり書きは「和」の精神の実践法です。

新しい元号は「令和（れいわ）」です。令和の漢字の意味は多くの方が伝えているのでそちらを参考にしていただくことにして、「れいわ」と「ら行」で始まっている元号から、これからの時代を見てみましょう。

「名前のことだま」の基本になっている「やまとことば」には、「ら行」で始まる言葉がありません。現在使われている「らっぱ」「れんげ」「るり」などの言葉は、外来語が日本語になりました。

その経緯から「ら行」は「国際的な交流の音」と見ていきます。

令和の時代は、日本が世界に和文化を発信する時代だと思っています。

「令和」の元号が万葉集からの引用なので、多くの人が万葉集をはじめ、日本文化に興味を持ち始めています。日本文化を学び伝えるツールは能、茶道、歌舞伎など様々ありますが、一番身近でわかりやすいのが日本語、日本の風習です。

50音に意味づけして使命をひもとく「名前のことだま」もその一つです。

名前を漢字や画数で見る吉凶判断ではなく、音で使命をひもとくことで、名前から自己肯定が始まり、音の背景にある日本文化を学べます。

日本文化の神髄は「和」です。違うものと組み合わせて新しいものを作る文化こそ「和」の文化です。排他的にならないで共存するのが日本文化です。

名言なぞり書きは、3つの違うものを組

み合わせる和の実践法です。「文字を見る」、「音で聞く」、「文字を書く」。この3つを組み合わせています。

自分の名前の使命を「知る（見る）」、使命を音で「聞く」、使命を「書く」。この3つを満たすことで、喜びにつなげていただければ幸いです。

「令和」の時代はまさしく、日本の「和」の本質を、多くの人が実践する時代です。和の時代とは言葉を変えれば「結び」の時代です。違うものと違うものを組み合わせて、新しいものを作る時代です。男と女、若者と高齢者、日本と世界などが、対立ではなく結び合って、新しいものが生まれる時代です。

名言なぞり書きは、音と文字という違うものが結び合いました。音と調和を大事にしてきた日本文化を、多くの人が知るきっかけになれば幸いです。

最後に「ことだま（言霊）って何？」という素朴な質問にお答えして締めくくります。

ことだまは、音と人の思いの二つが結ばれたものです。

人の思いが込められていなければ、それは単なる音です。魂を込めなければ命が入らないのです。

文字なら一筆入魂、音なら一音入魂です。音に魂（霊のこと）を込めることで「ことだま」になります。

昔の日本人はそのことをわかっていて、漢字が伝わってきたときに言葉と魂（霊）を結んでことだま（言霊）にしたのです。

いにしえの日本人の知恵に感謝です。

**山下弘司**

# 人生とは、50音と出逢う旅

人生とは何か？　実は、人生を「見える化」すると、こうなります。

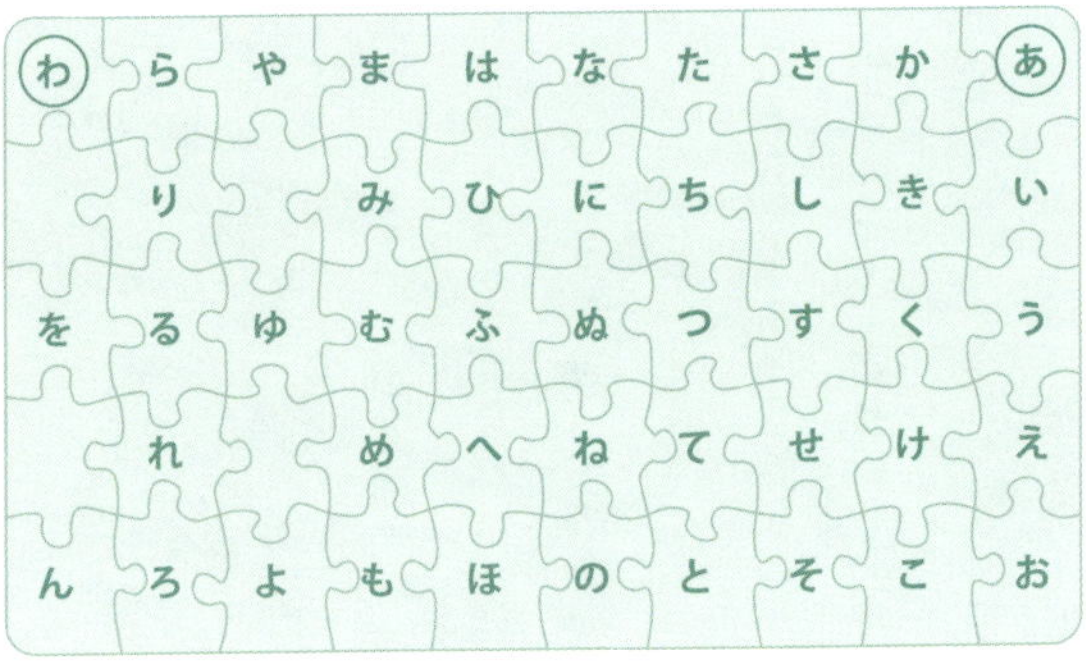


**人生とは、「50音パズル」なんです。**

人生をパズルだと考えると、自分一人では人生は完結しないことがわかります。

「令和」とは、和を命令された時代。**それはつまり、自分のピースを大きくする時代ではなく、ピースとピースを和で結び、美しいパズルを完成させていく時代です。**

これまでは自分じゃない誰かになろうと自分を置き去りにしてきました。でも、自分ではない何かになってしまったら周りのピースとつながらなくなってしまうのです。

そして改めて、上記の「50音パズル」を見てください。

あ行から始まりわ行にたどり着くのが日本語です。「あなた」との出会いから始まり、様々な出会いを経て、自分らしさの花を咲かせて「わたし」にたどり着く。出会って大好きになる人もいるし、ゆるせない人だっている。でも、いろんな音色と響き合う中で、あなたという宝石は磨かれて「わたし」に還るのです。

生きるとは、50音のハーモニーなのです。

伊勢神宮の内宮の別名は「**五《い》十《す》鈴《ず》の宮**」

と言われています。

「五十鈴」とは、いうまでもなく「五十音」です。**50音一つ一つの音は、実は、神様の「働き」そのものだと日本人は考えていたわけです。**だから、すべてのものには神様が宿っているし、名前があるというのは、そこに神様の働きがあるということなんです。日本人はすべての中に、神を見ていたのです。

ではでは最後の仕上げにあなたに質問があります。もし、今日が人生最後の日だったら、誰に心からの「ありがとう」を伝えたいですか？

誰に心からの「ごめんなさい」を伝えたいですか？

家族、友人、恋人、パートナー、上司、部下、思いつく人すべての名前を次ページに心を込めて書いてください。

**ここに書いた名前が、あなたをあまねく照らしてくれる人たちです。これが、あなたの世界の「ことだま太陽」です。**

その人を愛おしむ気持ちで、名前を声に出して呼びながら記してください。

**親しくなると、仲良くなった相手から、相手の名前のことだまのパワーをいただくことができる。これがことだまの面白さです。**

だから、「ありがとう」と伝えたい人には、「ありがとう」と伝え、「ごめんなさい」と伝えたい人には、「ごめんなさい」と伝えに行こう。すると、あなたの「ことだま太陽」は、ますます輝きを増していくことでしょう。

人生とは50音の音色と響きあう「**五十鈴《いすず》の旅**」です。

それは神様と出逢う旅でもあります。

ようこそ、この美しき世界へ。

**ひすいこたろう**

あなたと
出会えて
幸せだよ
一緒に
頑張ろう！
ありがとう！

＼ あなたの世界を明るく照らす ／

# ことだま太陽

大切な人の名前を声に出しながら書き入れてみよう。名前のことだまのパワーで、あなたの「ことだま太陽」はさらに輝きを増します！

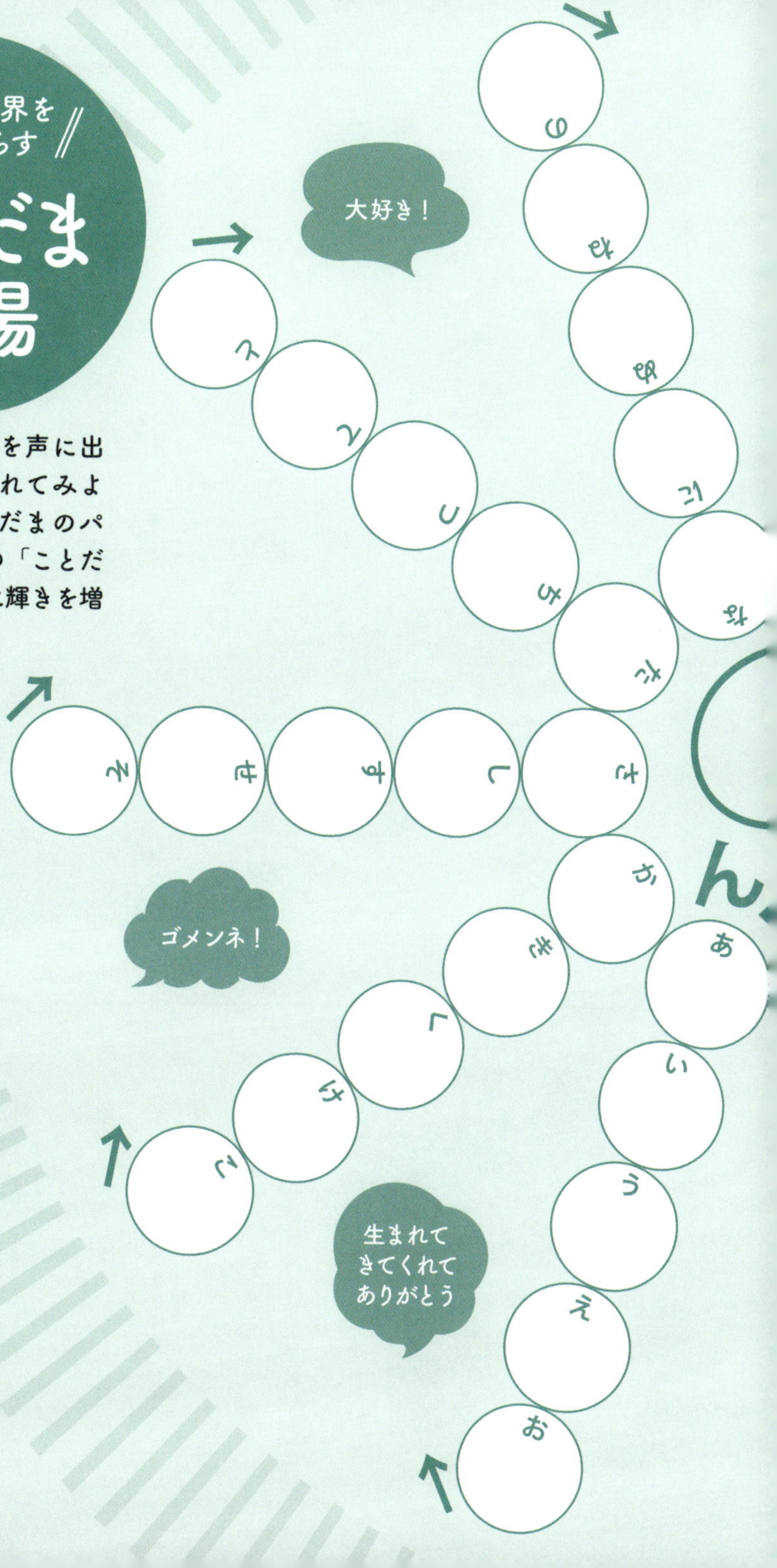

Let's!

## 大切にしたい名言を書いてみよう

さて、50音のことだまをインストールし、新しく生まれ変わったあなたは、これからどう生きていきたいでしょうか？　あなたの人生において、大切にしたい名言をここに記しましょう。

　本書の中の名言でも、自分で探したり、考えたりした名言でもOK！

　声に出して、心を込めて書くことで、ことだまパワーが満ちてくるのを感じるはず。

**Instagramに投稿！**

書いたら、ハッシュタグ #名言なぞり書き50音セラピー をつけてInstagramに投稿しよう！
ひすいも山下も、ときどきハッシュタグをのぞきに行きますので。

## 《出典・参考文献》

『人生が100倍楽しくなる名前セラピー』ひすいこたろう＋山下弘司（マイナビ）
『パズるの法則』ひすいこたろう＋吉武大輔（大和書房）

『人生に悩んだら「日本史」に聞こう』ひすいこたろう＋白駒妃登美（祥伝社）
『犬のうんちを踏んでも感動できる人の考え方』ひすいこたろう（祥伝社黄金文庫）
『恋人がいなくてもクリスマスをワクワク過ごせる人の考え方』
ひすいこたろう＋石井しおり（祥伝社黄金文庫）
『自動的に夢がかなっていくブレイン・プログラミング』
アラン・ピーズ＋バーバラ・ピーズ（サンマーク出版）
『古事記』中村啓信（訳注）（角川ソフィア文庫）
『聖書』（日本聖書協会）
『縄文の思考』小林達雄（ちくま新書）
『和の思想 異質のものを共存させる力』長谷川櫂（中公新書）
『日本人の心と建築の歴史』上田篤（鹿島出版会）
『ん 日本語最後の謎に挑む』山口謠司(新潮新書)
『なぜ、日本人は桜の下で酒を飲みたくなるのか？』西岡秀雄（PHP研究所）
『名言名句の辞典』現代言語研究会（あすとろ出版）
『名言名句の辞典』三省堂編修所（三省堂）
『必ず出会える！ 人生を変える言葉2000』西東社編集部（西東社）
『座右の銘1500』座右の銘研究会（笠倉出版社）
『心に刺さる！ 運命の言葉　偉人たちの名言集　海外の偉人編』浜本哲治（ゴマブックス）
『いのちいっぱいじぶんの花を』相田みつを（角川書店）
「暮らしの手帖 四〇号」（暮らしの手帖社）より石川達三「自分を誤解しない為に」
『ゴッホの手紙』ヴァン・ゴッホ（岩波文庫）
『土佐日記 貫之集』紀貫之（新潮社）
『掌の小説』より「一人の幸福」川端康成（新潮社）
『マーフィーの法則なら人間関係がうまくいく』植西聰（産業能率大学出版部）
『斎藤一人の絶対成功する千回の法則』斎藤一人（講談社）
『生きる技法』安冨歩（青灯社）
『ONE PIECE』尾田栄一郎（集英社）
『ブラックジャックによろしく』佐藤秀峰（講談社）
『ノムラの教え』野村克也（講談社）
『壁を破る言葉』岡本太郎（イースト・プレス）
『One World』喜多川泰（サンマーク出版）
『いのちいっぱい』相田みつを（ダイヤモンド社）
『白夜／おかしな人間の夢』ドストエフスキー（光文社）

Hermann Hesse, Freude am Garten: insel teschenbuch
Sam Levenson, " Time Tested Beauty Tips" In One Era and Out the Other: Simon & Schuster
William Arthur Ward, Thoughts of a Christian Optimist: Droke House
Saint-Exupéry, Terre des hommes: CreateSpace Independent Publishing Platform
John C. Maxwell, Intentional Living: Choosing a Life That Matters :Center Street

『名前のことだま®50音全解』命名言霊学協会
戯曲『贋才女』モリエール
頌歌『歓喜の歌』フリードリヒ・フォン・シラー
『成功者の習慣』原田隆史（CD・DVD ／ビジョネット事業部）
FM横浜 オメガ・アフター・ザ・サンセット「ジャック・マイヨール インタビュー」
http://www.sunset.jp/fmy/guest/mayol/index.htm

Pick Up!

**『パズるの法則』**
ひすいこたろう＋吉武大輔
（大和書房）

**本書をお読みいただいた次は、関連書籍としてぜひこちらをお読みいただきたい。50音の世界観を今度はパズルに当てはめて、奇跡の法則をひもといています。**

**special thanks**
編集　大友 恵（ことだま太陽のアイデア素晴らしかったです！ ヤラれた！）
編集協力　ミッチェルあやか（いつも最高に原稿をブラッシュアップしてくれてありがとう！）

## profile

### ひすいこたろう


作家・幸せの翻訳家・天才コピーライター。

「視点が変われば人生が変わる」をモットーに、ものの見方を追究。衛藤信之氏から心理学を学び、心理カウンセラー資格を取得。2005 年『3 秒でハッピーになる名言セラピー』がディスカヴァー MESSAGE BOOK 大賞で特別賞を受賞しベストセラーに。他にも『あした死ぬかもよ?』(ディスカヴァー・トゥエンティワン)、『前祝いの法則』(フォレスト出版)などベストセラー多数。4 次元ポケットから、未来を面白くする考え方を取り出す「この星のドラえもんになる!」という旗を掲げ日夜邁進。YouTube にて「名言セラピー」をほぼ毎日配信中。

●ほぼ毎日配信中!
YouTube「名言セラピー」ぜひ登録してね。
●最新情報は LINE 公式アカウントから。 https://lin.ee/eCQFwXM
QR コードから登録いただくと、
ひすいお気に入りの 4 つの名言解説音声もプレゼント!
●ひすいのオンラインサロン「ひすいユニバ」 https://hisui-universe.com


### 山下弘司


ことだま教師。福岡県生まれ、金沢市在住。

日本の知恵「言霊」を基本に神話、言語学、民俗学などを組み合わせた「名前のことだま®」を独自に開発。「名前のことだま®50 音は日本発祥の人間形成のツール」とし、2001 年より普及に努めている。使命と日本の知恵を伝えることだま師®1000 名を目指し、現在 400 名を育成中。

●「名前のことだま®」ではことだま師になりたい方を募集中。
●公式サイト https://kototama-himehiko.com/namae/
●公式 Facebook https://www.facebook.com/kototama/
●メールアドレス info-y@kototama-himehiko.com


---


イラスト　伊藤ハムスター
ひすいリンゴ　中尾早乙里
揮毫　平田秋蹊(日本ペン習字研究会)
写真　乃一智代美
デザイン　田中真琴
校正　株式会社円水社
編集協力　ミッチェルあやか
明知真理子
編集　大友 恵

「氏名」から「使命」がわかる!
**名言なぞり書き 50音セラピー**

発行日　2019 年 11 月 20 日　初版第 1 刷発行
2024 年 3 月 25 日　第 3 刷発行

著者　ひすいこたろう　山下弘司
発行者　竹間 勉
発行　株式会社世界文化ブックス
発行・発売　株式会社世界文化社
〒102-8195 東京都千代田区九段北 4-2-29
電話 03-3262-5118(編集部)
03-3262-5115(販売部)
印刷・製本　株式会社リーブルテック




ISBN978-4-418-19433-9